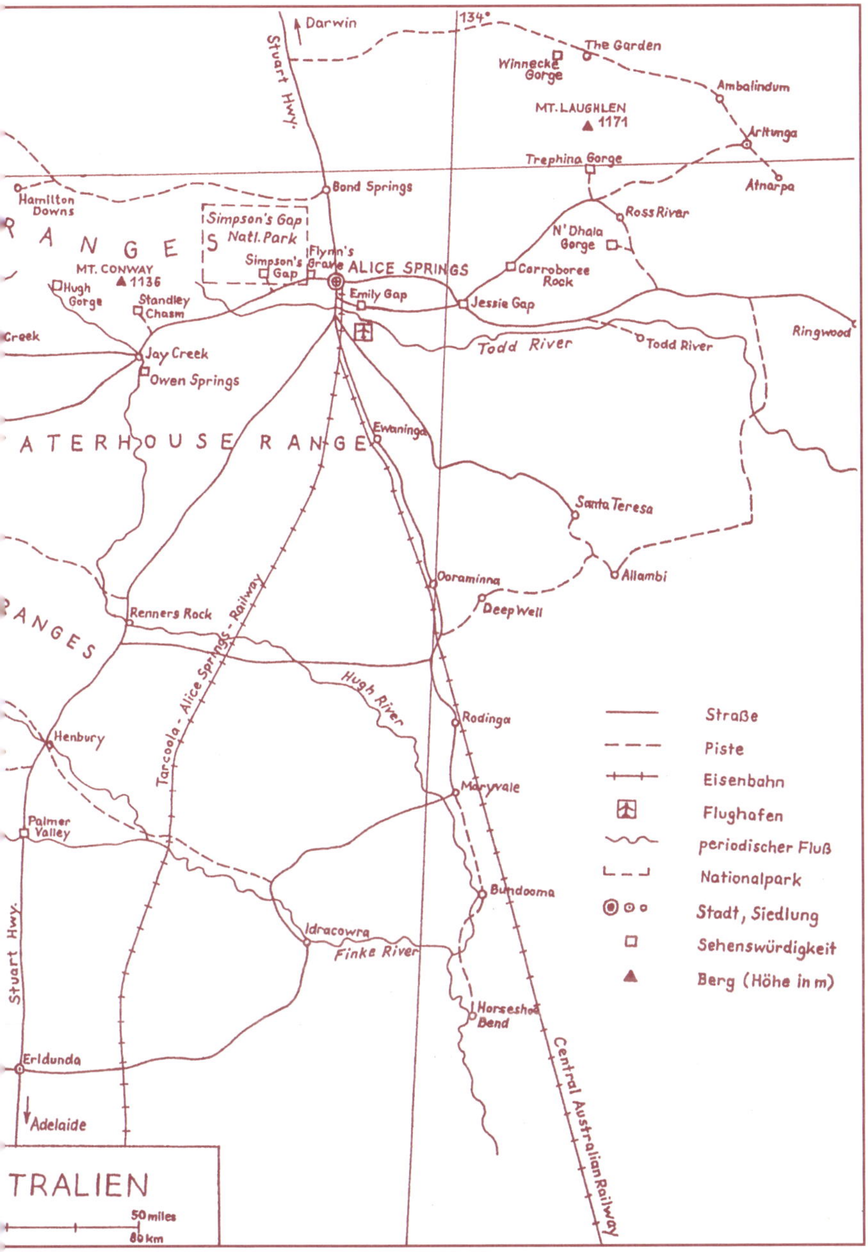
Darwin
134°
Stuart Hwy.
The Garden
Winnecke Gorge
Ambalindum
MT. LAUGHLEN
1171
Arltunga
Trephina Gorge
Atnarpa
Bond Springs
Hamilton Downs
Simpson's Gap Natl. Park
Ross River
N'Dhala Gorge
RANGES
MT. CONWAY
1136
Simpson's Gap
Flynn's Grave
ALICE SPRINGS
Corroboree Rock
Hugh Gorge
Standley Chasm
Emily Gap
Jessie Gap
Ringwood
Creek
Todd River
Todd River
Jay Creek
Owen Springs
Ewaninga
ATERHOUSE RANGE
Santa Teresa
Allambi
Ooraminna
Deep Well
Renners Rock
Tarcoola - Alice Springs - Railway
ANGES
Hugh River
Rodinga
Henbury
Maryvale
Palmer Valley
Bundooma
Idracowra
Finke River
Stuart Hwy.
Horseshoe Bend
Central Australian Railway
Erldunda
Adelaide
TRALIEN
50 miles
80 km
Straße
Piste
Eisenbahn
Flughafen
periodischer Fluß
Nationalpark
Stadt, Siedlung
Sehenswürdigkeit
Berg (Höhe in m)

Wighard Strehlow

WÜSTENTANZ

Wighard Strehlow

WÜSTENTANZ

Australien spirituell erleben
durch Mythen, Sagen, Märchen und Gesänge

Strehlow Verlag
Allensbach am Bodensee

Die Deutsche Bibliothek – CIP-Einheitsaufnahme

Strehlow, Wighard:
Wüstentanz: Australien spirituell erleben durch Mythen,
Sagen, Märchen und Gesänge / Wighard Strehlow. –
2. Aufl. – Allensbach am Bodensee : Strehlow, 1997
  ISBN 3-929735-01-6

Mit 56 farbigen und 36 Schwarzweiß-Abbildungen

2. Auflage 1997
ISBN 3-929735-01-6
© 1996 by Strehlow Verlag, Strandweg 1, 78476 Allensbach,
Tel.: 0 75 33 / 74 33; Fax: 74 79
Lektorat: Dr. Sonja Klug, Rheinbach
Einband: Graphic Design Gottfried Stumpp, Konstanz;
George Strehlow, Chicago; Marco Naroska, Berlin
Satz: Satzstudio Kopf, Friesenheim
Druck und Bindung: Offizin Andersen Nexö Leipzig
Printed in Germany

Gedruckt auf chlorfrei gebleichtem Papier

Dieses Buch ist meinen Großeltern
Carl und *Frieda Strehlow*
gewidmet, die vor 100 Jahren nach
Hermannsburg (Zentralaustralien)
kamen, um ihr Leben
mit den Aborigines zu teilen

Inhalt

II. Der Tanz der Götter,
    Helden und Troubadoure

III. Der Schöpfungstanz der Tiere
     und Elemente

IV. Der Tanz von Empfängnis,
     Kindheit und Jugend

V. Der schmerzhafte Tanz
der Initiation

VI. Der Tanz von Liebe, Hochzeit,
Sterben und Tod

VII. Der Tanz der Heilung und der Zauberei

Nachwort

Einführung

Die Kultur Zentralaustraliens
und ihre Erforschung
durch Carl und Theodor Strehlow

Die spirituelle Botschaft der Ureinwohner

In Zentralaustralien auf dem Gebiet um Alice Springs zwischen dem MacDonnell-Gebirge im Norden und den Ayers Rock im Süden lebten die mächtigen Völker der Arandas und Loritjas. Man nennt dieses Gebiet auch das Rote Center, weil die untergehende Sonne die bizarren Berge und die roten Sanddünen jeden Abend in ein rotglühendes Szenarium verwandelt. Hier stand nach der Anschauung der Ureinwohner, die auch »Schwarze Australier« genannt werden, die Wiege der Menschheit.

Ihre spirituelle Lebensbotschaft hielten die Arandas symbolisch auf heiligem Holz oder Steintafeln fest, die sie TJURUNGAS nannten. In den TJURUNGAS begegnen sich Mikro- und Makrokosmos. In ihnen spiegelt sich nicht nur das äußere, sondern auch das innere Leben wider. Die TJURUNGAS waren die sichtbare Brücke zwischen ihnen und ihrem göttlichen Urvater, den diese Tafeln darstellten. Wie Fingerabdrücke verraten die Rillen, Kreise, Spiralen und Wellenlinien auf den TJURANGA-Tafeln die mythologische Landkarte Australiens: Wasserlöcher, Gebirge und Flüsse, Zeremonienplätze, aber auch Pflanzen und Tiere. Sie sind die Zeugen einer der ältesten Zivilisationen der Welt und stammen vom Anfang der Zeit, an die sich der erste Mensch, der je gelebt hat, noch erinnern konnte. Die Muster, Linien und Kreise enthalten nicht nur eine heilige Botschaft über den Ablauf des Lebens der Arandas, sondern repräsentierten auch eine mythologische Landkarte, die dem Leben ihre Orientierung geben sollte. Erstaunlicherweise erinnern die Muster auf den TJURUNGAS an die Bausteine einer mikroskopisch vergrößerten Körperzelle, wie auf der folgenden Abbildung erkennbar.

Die Mythen wurden von den göttlichen Urvätern selbst erzählt, die mit ihren übernatürlichen Kräften die ganze Schöpfung aus dem Nichts

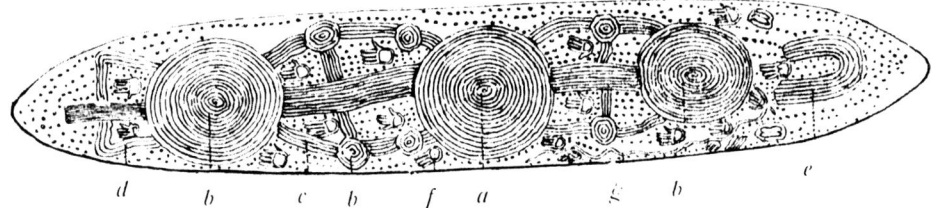

Tjunba-Tjurunga; stammt von Parantenta am unteren Finke-Fluß.
Tjunba ist eine große Eidechse (Varanus giganteus Gray).
a: großer Lagerplatz der Eidechse; b: kleinere Lagerplätze; c: Wege,
die die Eidechse gegangen ist; d: gebogene Tjurunga-Hölzer, mit
denen die Eidechse ihren Lagerplatz gereinigt hat; e: Eidechse in
sitzender Stellung; f: Fußeindrücke und g: Schwanzeindruck, die die
Eidechse auf ihren Wanderungen hinterlassen hat.

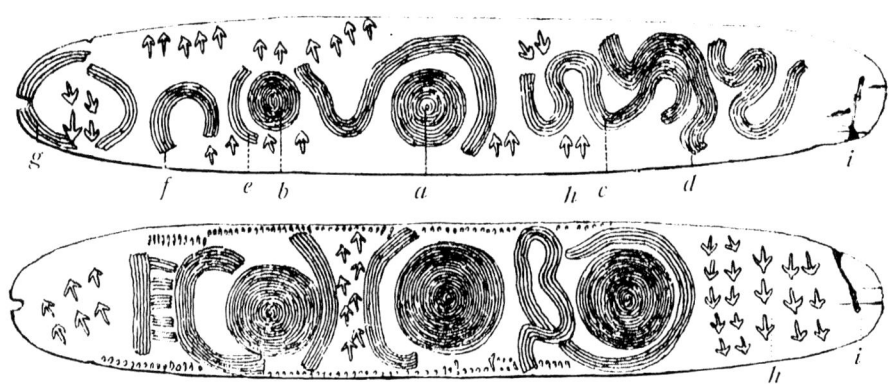

Emu-Tjurunga von Ulbma. Eine Holz-Tjurunga.
a und b: die Rückenzeichnungen des Emu; c: die Eingeweide; d: der
Mastdarm; e: das Fett; f: die Schenkel; g: der Hals; h: die Fußspuren.
Die Tjurunga ist an der einen Spitze gedrungen und sorgfältig mit
Bastfasern ausgebessert.

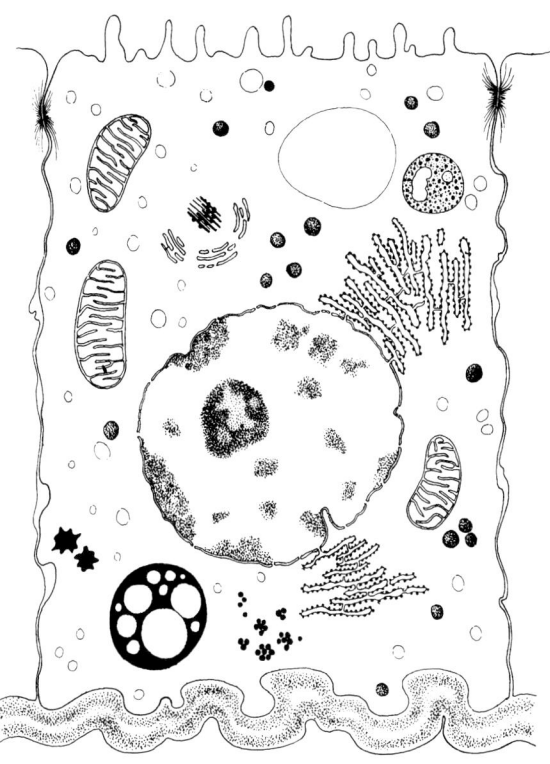

Zum Vergleich: Elektronenmikroskopisch vergrößerte Zelle mit
ihren verschiedenen Bestandteilen. Die Muster auf den Tjurungas
erinnern an die kleinsten Bausteine unseres Körpers.

ins Leben gebracht hatten. Bis vor 50 Jahren zogen noch die australischen Ureinwohner wie vor Tausenden von Jahren singend und
tanzend durch die Wüste, um in ihren Zeremonien die Schöpfung zu
feiern. Die TJURUNGA-Tafeln galten als heilig und wurden den jungen
Männern erst am Ende ihrer Initiation gezeigt. Frauen und Kindern
war der Anblick der TJURUNGAS nicht erlaubt.

Das vorliegende Buch erzählt von der Schönheit der Sagen, Märchen, Mythen, Tänze, Lieder und Zeremonien der Ureinwohner, die der deutsche Missionar Carl Strehlow vor 100 Jahren gesammelt hat, bevor die ganze Kultur für immer verlorenging. *Wüstentanz* gibt eine allgemein verständliche Zusammenfassung der wissenschaftlichen Arbeiten von Carl Strehlow, die das Städtische Völkermuseum in Frankfurt am Main 1907 bis 1920 durch die beiden deutschen Anthropologen Moritz Freiherr von Leonhardi und Dr. Bernhard Hagen unter dem Titel *Die Aranda- und Loritja-Stämme in Australien* (1)* herausgebracht hat. Darüber hinaus sind auch einige Arbeiten aus dem Werk seines jüngsten Sohnes, Professor Theodor Strehlow, berücksichtigt worden, der in 40 Arbeitsjahren die Tradition seines Vaters fortgesetzt hat (2).

Dieses Buch erhebt keinen Anspruch auf eine wissenschaftliche Anthropologie, sondern möchte einem breiten Publikum den Reichtum der Mythologie der Ureinwohner Zentralaustraliens vor Augen führen und sie für die Menschen von heute lebendig werden lassen, denn das wissenschaftliche Werk Carl Strehlows ist weltweit vergriffen. Selbst in Australien sind seine Bücher bisher nur übersetzt, aber noch nicht einmal veröffentlicht. Erst heute, 100 Jahre, nachdem der erste Kolonisations- und Fortschrittswahn seine zum Teil nicht wieder gut zu machenden Schäden angerichtet hat, besinnt man sich der Größe dieses Vermächtnisses. Das Werk von Carl Strehlow und die einmalige Sammlung von Kulturgegenständen, Filmen, Büchern und Bildern von Professor Theodor Strehlow, die man als die »Kronjuwelen Australiens« (5) bezeichnet, werden heute von der »Strehlow Research Foundation« in Alice Springs ausgewertet und für die Zukunft festgehalten.

Die ganze spirituelle Kraft der traditionellen Welt und Schönheit Zentralaustraliens wird in den Mythen, Sagen und Märchen lebendig. Sie weist auf die schöpfungserhaltende Bedeutung der Ureinwohner-Kultur für den sozialen, ökologischen und politischen Wandel hin, in dem wir uns heute alle befinden. Auch wenn heute niemand mehr wie die schwarzen Australier leben kann, ist vieles von dem, was für sie wichtig und heilig war, auch für unser Leben entscheidend. Wenn man die Maßstäbe, die die uralte Kultur jahrtausendelang geprägt haben,

---

* *Die Zahlen in Klammern beziehen sich auf das Literaturverzeichnis ab Seite 235.*

5.000 Jahre alte Fächerpalmen im Palm Valley.
Nach der Vorstellung der Arandas zündeten die »Feuer-Urväter« bei Schöpfungsbeginn
aus Versehen ein Buschfeuer an, so daß sie selbst verbrannten. Die jungen Männer, die
ihr Haar nach altem Brauch wie eine Hülle nach hinten eingebunden trugen, wurden
durch die Hitze in die Luft getrieben und landeten wie Feuerfackeln im Palm Valley, wo
sie sich in Palmen, Cykaden und Grasbäume verwandelten. Die schwarzen Stämme
beweisen heute noch den feurigen Ursprung dieser Bäume.

zusammenfaßt, so kommt man auf die gleichen Werte, die beispielsweise auch Hildegard von Bingen in ihrem psychotherapeutischen
Buch von den Lebensverdiensten beschreibt (vgl. W. Strehlow: *Heilen
mit der Kraft der Seele*) (3). Kräfte wie Mitgefühl, Geduld, Wahrheits-
liebe, Friedfertigkeit, Gerechtigkeit, Stärke, Mut, Liebe zum Geistigen
und Geringschätzung irdischer Güter sind nicht nur für die Naturvölker, sondern auch für alle anderen Kulturen und ganz besonders für
unsere zivilisationskranke Gesellschaft von heute bedeutsam.

Die Ureinwohner haben das ganze Leben lang diese Seelenkräfte in
ihren Zeremonien mit Tanz und Gesang trainiert. Wir können heute
die gleichen Kräfte erlangen, indem wir den gleichen königlichen Weg
in die Stille gehen und sie im Gebet, in der Meditation, im meditativen
Tanz und im Fasten aufspüren. Aus dieser Sicht sind die Seelenkräfte
von ganz entscheidender Bedeutung nicht nur für die Gesundheit und
das Wohlbefinden jedes einzelnen, sondern auch für das friedliche
Zusammenleben der Menschen auf dieser Erde. Die Seelenkräfte der
zentralaustralischen Ureinwohner sind die kosmische Energiequelle,
aus der die Menschen bis in alle Ewigkeit ihre Lebenskraft schöpfen
werden.

Naturvölker wie die Zentralaustraliens haben sich jahrtausendelang
als Mitschöpfer für die Fruchtbarkeit und die Bewahrung der Schöpfung verantwortlich gefühlt. In unserem politischen und sozialen
Leben stehen wir mit unserer Ellenbogengesellschaft weit hinter den
Naturvölkern zurück, die mit ihrem sittlichen Verhalten sowohl ein
friedliches Miteinander zwischen Jungen und Alten als auch zwischen
den Stammesgenossen regelten. Aufgrund ihrer bescheidenen Lebensweise – besitzlos und nackt – lebten sie in geistiger und körperlicher
Gesundheit, und dies trotz extremer Lebensumstände – ohne Kranken-
haus, Psychiatrie und Medikamente. Selbstmord, Depressionen,
Drogen und Alkohol, Sucht, Neurosen und Psychosen waren ihnen
unbekannt.

Wenn wir eines von den Ureinwohnern lernen sollten, dann dies:
Besitz und Kleidung sind vollständig belanglos für ein glückliches
Leben. Tanz, Gesang und Miteinanderteilen hingegen sind unverzicht-
bare Lebenselemente. Die Schwarzen Australier beherrschten die
Natur nicht wie wir mittels der Technik, sondern mit ihrem Geist; sie
betrachteten die Erde nicht als Maschine, sondern als einen lebendigen
Organismus, mit dem sie selbst schicksalhaft zusammenlebten. Aus

dieser Sicht ist die alte Kultur der Ureinwohner wegweisend für ein radikales Umdenken im verantwortungsvollen Umgang mit unserer Schöpfung.

Die uralte Schöpfungsmythologie Zentralaustraliens rüttelt uns auf, unsere eigene Schöpfungstradition wiederzuerleben, um einen tiefgreifenden Sinneswandel auf allen Gebieten unseres sozialen, politischen, medizinischen, wissenschaftlichen, wirtschaftlichen und ökologischen Lebens herbeizuführen. Sie ruft uns auf: »Feiert das Leben, nehmt durch euer schöpferisches Tun im Tanzen und Singen, in Gebet und Meditation, Schreiben oder Malen, Gärtnern und Musizieren am tiefen Schöpfungsgeheimnis des Universums teil, dann wird auch eure Welt wieder heil!«

Carl Strehlow – Erbe und Bewahrer der Kultur der Ureinwohner

Vor nahezu 100 Jahren geschah etwas Ungeheuerliches: Der Missionar Carl Strehlow entdeckte bei seiner Arbeit in Hermannsburg in Zentralaustralien, daß die sogenannten Wilden, die Ureinwohner, keinesfalls eine wilde Horde mit primitiver Kultur waren, sondern ganz im Gegenteil über eine alte Zivilisation verfügten, die schon jahrtausendelang bis in die Steinzeit zurückreichte. Da er ahnte, daß die weltweit einmalige Aranda-Kultur durch die Bedrohung und rücksichtslose Ausrottung der weißen Siedler kurz vor ihrem Untergang stand, widmete er jede freie Stunde seines unendlich fleißigen Schaffens dem Zuhören und Aufschreiben der uralten mündlich überlieferten Geheimzeremonien, Mythen, Sagen und Märchen der Arandas.

Mit 24 Jahren, im Jahre 1894, war er auf die damals menschenleere und hoffnungslos verwilderte Missionsstation nach Hermannsburg gekommen. Kein Mensch ließ sich blicken; die Häuser waren in sich zusammengefallen, und die Schwarzen hatten sich zu ihren alten Zeremonienplätzen zurückgezogen. Mit großem Eifer machte er sich sogleich an die Arbeit. Er war davon überzeugt, daß Gott ihn an diesen verlassenen Ort mitten in der Wüste gesandt hatte, um mit den Ureinwohnern in christlicher Nächstenliebe zusammenzuleben.

Ein Jahr später, im Jahre 1895, ging er nach Adelaide, um seine 19jährige Braut Frieda Johanna Henriette Keyßer vom Schiff abzuholen. Das Paar heiratete am 25. September 1895 in der lutherischen

Frieda Strehlow 1896.
»Unser Leben ist einfach; wir besitzen nur wenig, aber ich bin zufrieden,
weil ich einen wunderbaren Ehemann habe und ein glückliches Leben.«

Immanuel-Chapel in Point Pass und kehrte nach Hermannsburg
zurück. Obwohl die junge Frau hier eine gewaltige Arbeit erwartete
und sie sehr oft unter der Einsamkeit der Wüste litt, konnte sie
trotzdem in ihr Tagebuch schreiben: »Unser Essen ist einfach; wir
besitzen nur wenig, aber ich bin sehr zufrieden, weil ich einen wunderbaren Ehemann habe und ein glückliches Leben.«

Aus der Ehe meines Großvaters Carl gingen sechs Kinder hervor: mein
Vater Friedrich (1897-1947), Martha (geb. 1899), Rudolf (1900-
1988), Karl (1902-1977), Hermann (1905-1945?) und der jüngste
Sohn Theodor (1908-1978). Die Kinder wuchsen dreisprachig auf; zu
Hause sprach man Deutsch, in der Missionsschule zusammen mit den
Schwarzen Englisch und auf dem Spielplatz natürlich Aranda. Selbst-
verständlich lernten die Kinder auch die verschiedenen Kulturbereiche,

Die Täuflinge von 1900.
Die Arandas nannten Hermannsburg »Heaven of refugees« (Himmel
der Flüchtlinge) und lernten hier nicht nur Lesen und Schreiben, sondern
durch Bibel- und Konfirmationsunterricht auch das praktische Christentum kennen.

Sitten und Gebräuche kennen. Sie schätzten ihre schwarzen Spielkame-
raden, mit denen sie die herrliche Freiheit beim Spielen genossen. Als
Kinder fühlten sie sich genau wie die Ureinwohner mit der Natur
verbunden.

Die Missionsstation wurde dank der Bemühungen Carl Strehlows so
anziehend, daß eine große Zahl von Menschen aus allen Stämmen Zentralaustraliens freiwillig nach Hermannsburg kam, teilweise, um Schutz
vor den Übergriffen der Farmer und Polizisten zu finden, teilweise
auch, weil sie das Zusammenleben in einer christlichen Gemeinschaft
schätzten. Sie nannten Hermannsburg »Heaven of refugees« (Himmel
der Flüchtlinge). Im Jahre 1921 lebten 271 Ureinwohner auf der
Station, davon 179 ständige Bewohner und 68 Gäste, darunter 50
Kinder, die Bibelunterricht erhielten, und 30 Kinder, die auf die Taufe
vorbereitet wurden.

Die Arbeitslast von Carl und Frieda Strehlow war enorm. Zu ihrer
Missionsarbeit gehörte der tägliche Unterricht der Kinder, die hier

Frieda Strehlow mit ihrem Nähkurs 1906.
Frieda Strehlow brachte den Mädchen Kochen und Nähen bei.

Schreiben und Lesen in Aranda und in Englisch lernten sowie in
Rechenarbeiten, Kochen und Sport trainiert wurden. Nicht zu
vergessen war auch das tägliche Management der Missionsstation:
Vieh- und Pferdezucht, Gartenarbeit, Bibel- und Konfirmationsunterricht, Nähkurse und natürlich der Aufbau der Station. Alle Häuser
wurden aus Stein gebaut mit Materialien der Umgebung. Sie erinnern
an die Heimat Carl Strehlows, ein pommersches Dorf namens Freders-
dorf bei Angermünde: in der Mitte die Kirche und drumherum das
Schulhaus, das Essenshaus sowie die anderen Häuser, Scheunen und
Speicher. Die Steinhäuser stehen heute noch, sind wunderbar renoviert
und gehören zum »Nationalen Kulturerbe Australiens«.
    Neben all seiner übrigen Arbeit fand Strehlow Zeit, eine Reihe von
Büchern zu verfassen. Zu seinen Hauptwerken gehört eine Aranda-
Fibel, die im Unterricht zum Schreiben und Lesen benutzt wurde, ein
Handbuch der Aranda-Grammatik, ein Wörterbuch der Aranda- und

Loritja-Sprache mit 17.500 Wörtern sowie ein Aranda-Katechismus und Gesangbuch, das im Gottesdienst benutzt wurde. Die Krone seiner Lebensarbeit bildet die Übersetzung des Neuen Testaments, deren Veröffentlichung er aber nicht mehr erlebte. Das Werk entstand mit dem Evangelisten Old Blind Moses, wobei er die Kapitel in seinen Gottesdiensten für die Predigten verwendete. Theodor Strehlow hat später das Buch revidiert, alle fehlenden Kapitel übersetzt und das ganze Neue Testament 1956 veröffentlicht.

In derselben Zeit wie die Bücher Strehlows erschienen auch zwei große Werke über die Kultur der Ureinwohner von Baldwin Spencer und Francis Gillen *(The Native Tribes of Central Australia*, 1899, und *The Nothern Tribes of Central Australia*, 1904), die beide später unter dem Titel *The Arunta – A Study of Stoneage People* das Standardwerk über die Arandas werden sollten (4). Die Arbeiten enthalten wunderbares Fotomaterial über das Leben der Aborigines und beschreiben die Zeremonien, das kulturelle und soziale Miteinander, aber keiner der beiden Forscher sprach oder verstand Aranda. Alle Informationen wurden durch einen Übersetzer auf Pidgin-Englisch übersetzt, so daß es teilweise zu großen Mißverständnissen kam. Obwohl der Sprache nicht kundig, gelten Spencer und Gillen noch heute als kompetenteste Experten der zentralaustralischen Tradition.

Das Werk der beiden Anthropologen ist geprägt von der damals überaus typischen Haltung der Arroganz: Man sah die Ureinwohner als primitive Steinzeitmenschen, während man sich selbst als Herrenrasse empfand. Die ungeheure Überheblichkeit wird deutlich im Bericht der Hornexpedition von 1884, herausgegeben von Prof. Baldwin, wo es heißt:

»Der zentralaustralische Aborigine ist der lebende Repräsentant der Steinzeit, da er immer noch seine Speere mit Steinmessern herstellt und damit die unglaublichsten Operationen vornimmt. Sein Ursprung und seine Geschichte sind im Nebel der Vergangenheit verlorengegangen. Er hat wenige mündliche Überlieferungen. Sein Erscheinungsbild ist das eines nackten Wilden mit ausgesprochen jüdischem Ausdruck. Von Natur aus ist er leichtsinnig, lacht gerne mit ausgezeichneten Grimassen ... Seine Hand arbeitet in perfekter Einheit mit seinen Augen, das wie ein Adlerauge blickt. Er hat sich

nie gewaschen und besitzt kein Land. Ihm mangelt es an religiösem
Glauben. Er ist unvorsichtig in ständiger Angst vor bösen Geistern,
die angeblich nachts um sein Lager herumschleichen. Er kennt keine
Dankbarkeit, ausgenommen die seiner Erwartungsebene, und ist
listig wie Judas. Er hat keine Tradition, praktiziert aber mit skrupel-
loser Genauigkeit eine Geheimzeremonie, die er von seinen Vätern
gelernt hat, von deren Ursprung er aber nichts weiß. Nach vielen
Jahren Erfahrungen mit ihnen kann ich ohne Zögern behaupten, daß
er absolut unzähmbar ist … Sein Benehmen ist exzentrisch wie der
Flug seines Bumerangs. Dank der Bemühungen der Farmer und
Stockmänner wird er aber rasch zivilisiert, und in 100 Jahren wird
seine Existenz nur noch ein Bruchstein sein.«

Wie anders war da doch die Haltung Carl Strehlows gegenüber den
Ureinwohnern! Er empfand Zuneigung und Respekt für seine
schwarzen Mitbrüder, mit denen er 28 Jahre hautnah zusammenarbeitete und -lebte. Sie sahen in ihm einen großen Freund und Helfer in
ihren täglichen Nöten und Sorgen, so daß ihm auch die Stammes-
häuptlinge ihre berühmten Zeremonien und Mythen anvertrauten.
Bereits auf den ersten Seiten seiner Veröffentlichung über die Aranda-
und Loritja-Stämme Zentralaustraliens sehen wir ein Bild seiner vier
Informanten, mit denen er zusammenarbeitete.

Von links nach rechts:

LOATJIRA:
1846 geboren. Sein Geburtsort war 2 Kilometer stromabwärts vom
Finke-River. Er war der letzte große Medizinmann der Arandas, der
die größte Autorität unter ihnen besaß. Erst als alter Mann wurde er
1923 getauft.

PMALA:
Sein Geburtsort war in Ndata, nordwestlich von Japalpa, ein vollini-
tiierter Westaranda. Er ließ sich im Alter von 40 Jahren (1900) taufen.

TJALKABOTA:
Ein Aranda-Häuptling aus der Gegend von Hermannsburg, geboren
1873.

TALKU:
Ein Loritja-Häuptling aus Wapiti, dessen persönliches Totem der Yam-Totem war. Er war der Zeremonienmeister der Loritjas im Zentrum Merini (1867 geboren); er zählte zu den größten Autoritäten seines Stammes. Eine Polizeikugel traf ihn am Hüftknochen, ohne ihn zu töten. Einer seiner Männer trug ihn 25 Meilen auf dem Rücken nach Hermannsburg, wo er von Carl Strehlow wieder gesund gepflegt wurde. Er zeigte seine große Dankbarkeit, indem er ihn mit seinem gesamten Zeremonienschatz beschenkte, worauf er dann wieder in der Wüste verschwand. Seine Tochter Kalinka ließ sich von Carl Strehlow taufen, nahm den Namen Rubina an und wurde die Frau von Albert Namatjira, dem berühmten Aquarellisten Zentralaustraliens.

Mit Hilfe seiner Informanten erhielt Strehlow im Gegensatz zu Spencer und Gillen Informationen aus erster Hand, wobei er nicht nur die Aranda-Sprache, sondern auch ihre Geheimsprache lernte, um die geheimnisvolle Mythologie Australiens zu entschlüsseln, die in den Köpfen der alten Aborigines eingeschlossen war. So war es ihm möglich, die größte und vollständigste Anthropologie Australiens zu

verfassen, die in umfassender Weise die religiösen, soziologischen und
ökologischen Traditionen der Aborigines in Aranda mit deutscher
Übersetzung darstellt.

In deutscher Sprache wurde das Werk vom Städtischen Völkermuseum in Frankfurt am Main von zwei der besten deutschen Anthropologen, Moritz Freiherr von Leonhardi und Dr. Bernhard Hagen,
herausgegeben *(Die Aranda- und Loritja-Stämme in Zentralaustralien,
7 Bände)* (1). Die Anthropologie weckte das gesamte Interesse der
damaligen Anthropologen für das Kulturleben der Ureinwohner, und
es ist unverständlich, daß dieses Standardwerk, obwohl in die englische
Sprache übersetzt, bis heute in Australien noch nicht erschienen ist.

Männer wie Sir Baldwin Spencer haben die Arbeiten der Hermannsburger Mission oft kritisiert, um ihre Position zu schwächen. Aber, so
schreibt Barbara Henson in ihrem Buch *A straight-out man* (6): »Was
haben Männer wie Spencer wirklich getan, um die Position in den
Gebieten, die nicht unter Missionskontrolle standen, zu erleichtern?
Welche Wissenschaftler waren je interessiert, für ihre lernenden Abori-
gines-Freunde auch nur ein einziges einigermaßen hygienisches
Zentrum einzurichten? Trotz alledem hatte die Mission die Urein-
wohner in ihrem eigenen Land vor dem Aussterben bewahrt und ihnen
Hoffnung und Vertrauen zum Überleben gegeben. Spencer hätte nur
seine Augen aufmachen müssen, um das Gemeinschaftsleben auf der
Missionsstation zu sehen, wie sie bis heute noch mit ihrer eigenen
Sprache auf ihrem alten Stammland zusammenleben. Als Können und
Weisheit der Wissenschaftler und Politiker versagt haben, um das
Eingeborenen-Problem zu lösen, haben Liebe und praktische mensch-
liche Sympathie der Missionare ein Problem gelöst, das für Genera-
tionen als unlösbar angesehen worden war.«

Die Arandas verliehen Carl Strehlow für seine bedeutenden Arbeiten
aus Dankbarkeit den Titel »Großer INGKATA«, d.h. »Großer Stammes-
vater«, und seiner Frau Frieda den Titel »Große Stammesmutter«; die
beiden werden auch heute noch in Hermannsburg verehrt.

Im Jahre 1922 wurde Carl Strehlow ernsthaft krank; er verließ unter
großer Anteilnahme seiner Gemeinde am 10. Oktober 1922
Hermannsburg und starb bereits zehn Tage später bei Horseshoe Bend,
ohne ärztliche Hilfe erfahren zu haben. Seine letzten zehn Tage auf dem
Reiseweg entlang des Finke-Flusses wurden später von seinem Sohn
Theodor Strehlow im *Tagebuch von Horseshoe Bend (Journey to*

Horseshoe Bend) (2) als erregende Geschichte dieses großen Missio-
nars zusammengefaßt. Das Taschenbuch wurde ein Klassiker der
australischen Geschichte und gewann 1970 den Weickhardt-Preis als
bestes Buch Australiens.

Carl Strehlows Freund, der Arzt Dr. Herbert Basedow, schrieb in
einem Brief an das Frankfurter Völkerkunde-Museum: »So oft ich den
Namen Carl Strehlow vernehme, denke ich beständig an die schönen
Zeilen, die unseren Dichterkönig Goethe unsterblich gemacht haben:
›Sein Leben war edel, und die Lebenselemente waren so in ihm
gemischt, daß die Natur sich erheben und der ganzen Welt sagen
konnte: Dieser war ein Mann!‹

Strehlow war einer der größten, wenn nicht sogar der größte
Missionar Australiens. Seine Stimme war das Evangelium, und sein
Wort war Befehl inmitten der verschiedenen Stämme, die er vereinigte,
und demgemäß liebten ihn die Eingeborenen. In den letzten Jahren, als
ich Hermannsburg mehrere Male besuchte, fand ich das Verhältnis der
Eingeborenen zu ihrem letzten Meister wie das zu ihrem Vater; in
diesem Sinne wird auch sein Andenken gepflegt ... Seine Überset-
zungen der Heiligen Schrift in die Dieri- und Aranda-Sprachen sind
Meisterstücke, aber er tat mehr. Abgesehen von seinen sprachwissen-
schaftlichen Kenntnissen schrieb Strehlow ausgezeichnete völkerkund-
liche Abhandlungen, welche die Sitten und Legenden verschiedener
australischer Stämme behandelten. Sie bringen Sagen, Mythen und
Legenden und den totemistischen Glauben der Aranda- und Loritja-
Stämme sowie eine interessante Beschreibung ihrer Stammesangelegen-
heiten im allgemeinen. Der Hauptwert dieser Veröffentlichungen ist
ihre Originalität. Strehlow sammelte die Erkundigungen, welche er der
wissenschaftlichen Welt übergibt, während seines langen vertrauens-
werten Umgangs mit den oben erwähnten Stämmen. Viele von den
aufgezeichneten Tatsachen sind von unschätzbarer Wichtigkeit, da sie
die psychologische Seite der Ureinwohner beleuchten, welches vorher
noch nie hinreichend geschehen war. Und in der Tat, viele von den
Mythen gaben uns Einsicht in die religiösen Vorstellungen und in den
Glauben der Ureinwohner. Strehlows Aufzeichnungen riefen strenge
Kritik von gewisser Seite (Baldwin Spencer) hervor, wo sie behaupteten, die Ureinwohner glaubten nicht an ein göttliches Wesen, sondern
ließen nur das Vorhandensein eines Teufels zu. Andere Schriftsteller,
wie z.B. Hevitt, haben Strehlows Beobachtungen, soweit es den Dieri-

Stamm betrifft, für richtig befunden, und ich persönlich bin in der Lage
gewesen, seine Feststellungen ganz unabhängig von ihm bestätigen zu
können. Das bezeugen beide, sowohl der Aranda- als auch der Loritja-
Stamm in Zentralaustralien. Strehlow hat auch beträchtliches Licht in
die Herkunft der heiligen TJURUNGAS gebracht und spürte ihre Verbindung mit der Welt der alten Halbgötter, welche – wie man vermutet –
teils als menschliche, teils als tierische Leben umherschweiften.«

Der Begriff »Traumzeit«, der im Zusammenhang mit der australischen
Kultur häufig gebraucht wird, ist natürlich sentimentaler Unsinn und
geht auf einen Übersetzungsfehler von Baldwin Spencer und Francis
Gillen zurück, die in ihrem Buch *Northern Tribes of Central Australia*
behaupteten: »The Word *alcheri* means dream.« Die Wurzel des
Wortes »altjira« geht auf die unsterblichen, seit der Ewigkeit anwesenden Urväter zurück. Träumen heißt auf Aranda *altjirerama,* abge-
leitet von dem Wort »Gott sehen«. Eine Traumzeit kennen die Arandas
nicht. Gemeint ist die Zeit, in der die göttlichen Urväter auf der Erde
wanderten. Für die Ureinwohner ist diese Zeit eine Realität und kein
Traum, sondern die Grundlage ihrer ganzen Mythologie. Wenn sie ihre
Zeremonie feierten, weilten die göttlichen Urväter leibhaftig unter
ihnen und waren kein Traum oder Spukobjekt.

Nach Strehlows Tod haben die Politiker, Anthropologen und So-
zialarbeiter jahrelang tatenlos zugesehen, wie die Ureinwohner und
ihre Kultur langsam ausstarben. Innerhalb von wenigen Jahren waren
sie von 5.000 auf weniger als 1.000 Arandas im Jahre 1932 zusam-
mengeschrumpft. Am liebsten hätte man sie in Reservate zusammenge-
pfercht und sie mit dem Überflüssigen der Wohlstandsgesellschaft
abgespeist. Die Anthropologen hätten so einen menschlichen Zoo
behalten, den sie jahrelang hätten beobachten und über den sie auch
viele Doktorarbeiten hätten schreiben können.
    Erst in den letzten Jahren wurde man sich des großen Wertes der
zentralaustralischen Kultur bewußt. Die Aranda-Sprache lebt von
einem reichen Vokabular, in dem die schwierigsten und logischsten
Gedanken über Religiöses und soziale Aktivitäten präzise ausgedrückt
werden. Bis ins letzte Detail ist das friedliche Nebeneinanderleben von
ihnen großartig gemeistert worden: in Kindererziehung, Heiratsordnung und Landbesitz. Davon abgesehen haben die australischen Urein-

Hermannsburg, älteste Missionsstation Zentralaustraliens.
Die alte Kirche von 1897 wurde ein Wahrzeichen für den friedlichen
Übergang einer Naturreligion in das Christentum.

wohner auch sonst das Leben viel besser gemeistert als die meisten
westlichen zivilisierten Nationen.

Die Missionsstation Hermannsburg im Zentrum Australiens ist
heute zu einem Symbol des würdevollen Übergangs der alten Traditionen der Ureinwohner in eine neue Zeit der Unabhängigkeit und Freiheit geworden. 1982 wurde die älteste Missionsstation Australiens mit
nahezu 4.000 Quadratkilometern von der Finke-Fluß-Mission den
Arandas zu eigenständiger Selbstverwaltung übergeben. Hermannsburg ist heute als »Historic National Heritage« (Historisches National-
erbe) für Besucher aus aller Welt geöffnet. Bei Apfelstrudel und Tee auf
der Terrasse des alten Missionshauses werden die alten Mythen und
Lieder der Arandas wieder lebendig, die Carl Strehlow für uns aufge-
schrieben hat.

Dennoch: Die alte Kultur der Zentralaustralier ist nahezu ausgestorben, auch wenn der engagierte Missionar Friedrich Albrecht Carl
Strehlows Werk bis 1964 fortsetzte und sich besonders um die Schul-
und Berufsausbildung der Arandas sowie um die Aranda-Maler-Schule
von Hermannsburg verdient machte.

Theodor Strehlow und sein Werk

Carl und Frieda Strehlow hatten ihre ersten fünf Kinder vor dem Ersten
Weltkrieg 1910 nach Deutschland zur Ausbildung gebracht; das tragi-
sche Schicksal wollte es, daß Carl Strehlow seine Kinder nie wiedersehen sollte. Daher gehörte seine ganze Liebe der Ausbildung und
Entwicklung seines jüngsten Sohnes Theodor. Wie sein Vater war er
von Natur aus sprachlich begabt. Außer Deutsch, Englisch und Aranda
hatte er von ihm mit 10 Jahren Latein und mit 12 Jahren Griechisch
und das Orgelspiel gelernt. Außerdem liebte Theodor Strehlow
Grimms Märchen, die Sagen und Mythen der Griechen und Germanen.
Nach dem Tode seines Vaters, 1922, ging er mit seiner Mutter nach
Adelaide, um an der dortigen Universität englische Sprache und Litera-
turwissenschaften zu studieren. Nach dem Abschluß seines Studiums,
1931 mit 23 Jahren, zog es ihn wieder in seine Heimat nach Hermannsburg zurück. Er war davon überzeugt, daß es Gottes Wille sei, eines
Tages nach Zentralaustralien zurückzukehren, um das Werk seines
Vaters fortzusetzen. Dabei verfolgte er nur ein großes Ziel, nämlich die

Das Kamel »Flossie« wird mit Boxen und Lebensmittelvorräten beladen.
Zuverlässig begleitet es das Exkursionsteam durch die Wüste.

alten weisen Aranda-Männer kennenzulernen, in deren Köpfen noch
die Mythologie ihrer Völker eingeschlossen war.

Mit einem Stipendium von 100 Pfund und zwei geliehenen Kamelen
zog er allein mit seinem Kamelboy Tom Ljonga durch die Wüste
Zentralaustraliens, um die alten Zeremonienplätze aufzusuchen. 12
Monate reiste er durch das Buschland. Niemand kümmerte sich
darum, ob er lebte oder starb. Er zog durch die Wüste des Pintubi-
Gebietes von Mount Liebig bis zum Kintore Range an die westaustrali-
sche Grenze. Die Entfernungen, die er auf weiterer Exkursion von
1932 bis 1934 zurücklegte, beliefen sich auf insgesamt 4.000 Meilen –
eine unglaubliche körperliche Anstrengung in der Einsamkeit der
Wüste.

Allmählich gewann er das Vertrauen zu den alten Häuptlingen der
Arandas. Der Zeremonienmeister der Bandikuts am Totenzentrum
von Ilbalintja zog ihn in sein Vertrauen: »Ich weiß, du bist an unserer

Tradition interessiert. Dein Vater war zu uns wie ein Vater. Wir konnten uns immer auf ihn verlassen. Wir denken, wir können auch dir vertrauen.«

Dann nahm er ihn zu seinen Zeremonienplätzen und zeigte ihm die heiligen Objekte und Rituale, die er alle aufzeichnen und fotografieren durfte. Wie ein Lauffeuer verbreitete sich unter den Ureinwohnern die Kunde, daß sie einen vertrauenswürdigen Bewahrer ihrer Kultur gefunden hatten. Sie waren besorgt, daß ihre heiligen Gesänge und Zeremonien verlorengehen würden, weil ihre Söhne kein Interesse an der Weiterführung ihrer Kultur hatten. So wurde Theodor Strehlow sogar erlaubt, ihre Zeremonien, Tänze und Lieder zu filmen und ihre Geschichten und Lieder auf Band aufzunehmen.

1935 heiratete er seine Frau Bertha, die mit ihm in die Wüste nach Jay Creek in der Nähe von Alice Springs zog, wo Theodor Strehlow als Patroloffizier für bessere Verhältnisse zwischen den australischen Ureinwohnern und den Weißen sorgen sollte. Aus der Ehe gingen drei Kinder hervor: Theodor, John und Shirley. Auch seine tapfere Frau begleitete ihn auf seinen Feldexkursionen durch die Wüste, die ihn von Hermannsburg den Finke-Fluß abwärts nach Horseshoe Bend zu den Südarandas bis hin nach Ayers Rock und dem Olga-Gebirge führten. Inzwischen hatte sich Theodor Strehlow den Ruf eines exzellenten Fachmanns auf dem Gebiet der Aranda-Kultur erworben. Seine Bücher *Aranda Phonetics and Grammar*, *Aranda Tradition* und das Monumentalwerk *Songs of Central Australia* waren über die Grenzen Australiens hinaus berühmt geworden. Nach 1945 wurde ihm von der Universität in Adelaide der Lehrstuhl für englische Literatur angeboten. Er nahm die Professur an, war aber schon einige Jahre später wieder auf dem Weg zu den Ureinwohnern. Diesmal war er mit noch besserem Fotomaterial und sogar mit Farbfilmen ausgerüstet, so daß es ihm 1953 gelang, die allerletzten Zeremonien, die je gefeiert wurden, aufzunehmen.

Theodor Strehlow starb 1978 – wenige Stunden vor seinem größten Erfolg, der Krönung seines Lebens, die er nicht mehr miterleben konnte: Ihm zu Ehren hatte die Universität Adelaide zu einer Gründungsfeier der »Strehlow Research Foundation« eingeladen. Es war das Ziel der Gesellschaft, die größte und einmaligste Sammlung über die Ureinwohner Australiens mit über 700 Objekten, Filmen in einer Gesamtlänge von 15 Kilometern, 7.000 Dias, Tausenden von genealo-

Theodor Strehlow mit den Ältesten, die ihm ihre heiligen Zeremonien
anvertrauten.
Bereits um das Jahr 1930 waren die Aranda-Ältesten überzeugt, daß
ihre Enkel unwürdig waren, um ihnen die Geheimnisse ihrer alten
Religion anzuvertrauen. Zu der Zeit hatten die jungen Männer bereits
viele Tjurungas an die Weißen weiterverkauft. Die Ältesten baten
daher ihren weißen Mitbruder Theo Strehlow, die Zeremonien zu
filmen und aufzuschreiben, damit ihre Religion überleben konnte.

gischen Aufzeichnungen, 42 Tagebüchern, Briefen, Karten und einer
Bibliothek mit über 1.000 Bänden für die Nachwelt auszuwerten und
zu erhalten.

Die Landschaftsmalerei von Hermannsburg

Im Vergleich zur grünen Küste ist Zentralaustralien ein farbenprächtiges Land: Bereits am Morgen läßt die aufgehende Sonne die Landschaft rotgold erglühen. Am Mittag leuchten dicke, weiße Geister-
Eukalyptusbäume mit grünen flimmernden Blättern vor azurblauem
Himmel, und am Abend leuchten die Gebirgsketten im satten Rosarot
vor einem Himmel, der das ganze Sonnenspektrum wiedergibt. Diese
Farben- und Formenvielfalt inspirierte natürlich auch die Ureinwohner
zu vielfacher Malerei und Technik: Körpermalerei, Baumrindenma-
lerei, Erdbilder, Schnitzereien sowie neuerdings auch die Punktmalerei

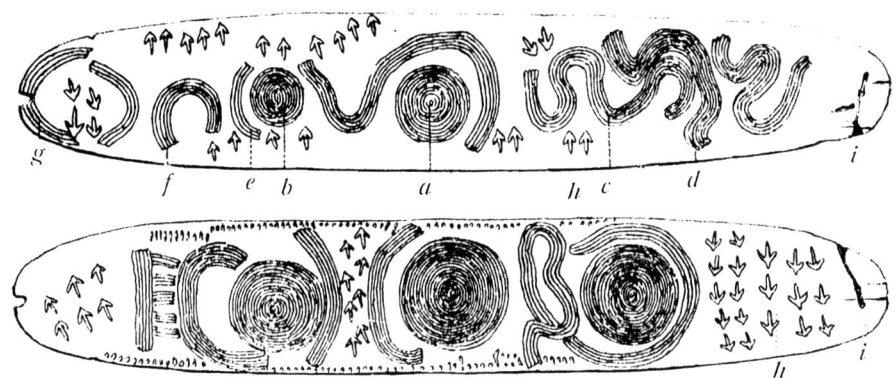

Symbole

a Lagerplatz
   Höhle
   Wasserloch
   Feuerplatz
   Hügel
   Baum

b kleiner Lagerplatz

e Gänge unter der Erde
   Witchettygrub-Raupe
   Schwanzeindruck, den die
   Eidechse hinterläßt

f Fußspuren

   Opossum

   Känguruh

   Emu

   Eidechse

c Wanderwege
   Speere
   Zweige

d liegendes Känguruh
   sitzende Eidechse
   sitzender Mann
   Schenkel
   Körperteil
   gebogener Speer
   gebogene Tjurunga

g Sandhügel
   Wasser
   Schlange
   Blitz
   Wurzeln

Wie Fingerabdrücke verraten die Rillen, Kreise und Spiralen auf der Tjurunga die
mythologische Landkarte Australiens.

Mount Sonder. Aquarell von Rex Battarbee.
Der Mount Sonder im westlichen MacDonnell-Gebirge mit dem Finke-Fluß,
dem »ältesten Fluß der Welt«. Tiefblau leuchten die Gebirgszüge im
strahlenden Sonnenlicht und erinnern an Paul Cézannes Bergzug
von Sainte Victoire in Aix-en-Provence. Rex Battarbee hat mit
seinem Mount Sonder ein Gleichwertiges an die Seite gestellt.

mit Acrylfarben auf Leinwand, die heute in Papunya zu Hause ist. Seit
1970 hat auch die Punktmalerei große Popularität erfahren, besonders
bei den Touristen, und einige 100 Ureinwohner – Frauen wie Männer –
führen die reichhaltige graphische Tradition ihrer Felsenkörper- und
Tjurunga-Malerei weiter, wobei sie die alten heiligen Symbole und
Elemente der Kreise, Spiralen und Linien verwenden.

   Außer der Punktmalerei von Papunya ist in Hermannsburg auch die
Landschaftsmalerei zu Hause. Auf dem Weg von Alice Springs nach
Hermannsburg kommt man an den schönsten Naturschönheiten
Zentralaustraliens vorbei: Simsons-Gap, einem imposanten Fluß-
durchbruch des Roe-Flusses durch das MacDonnell-Gebirge mit
goldenem Sandbett und weißen Geister-Eukalyptusbäumen an den

Ufern. Unweit davon bricht die Mittagssonne durch eine schmale Felsspalte von nur wenigen Metern Breite und verwandelt das Standley
Chasm, eine dunkle Felsmasse, in kräftig rosarote Steinflächen.
Danach wird der Mount Sonder im MacDonnell-Gebirge sichtbar, der
an den ganzen Reichtum französischer Landschaften erinnert, besonders an den Bergzug von Montagne Sainte Victoire von Aix-en-
Provence, den Paul Cézanne wie besessen sein ganzes Leben lang
immer wieder malte. Rex Battarbee hat mit seinem Mount Sonder bei
Glenn Helen ein Gleichwertiges an die Seite gestellt.

Die ganze Gegend wird vom Finke-River charakterisiert, der bei
Glenn Helen das MacDonnell-Gebirge durchbricht. Von hier zieht er
bei Regen friedlich an Hermannsburg vorbei, um dann 600 Kilometer
südlich in der Simpson-Wüste zu verschwinden. Hier stehen die großen
alten Vulkankegel vom Haaste Bluff sowie der Meteorit von Gosse
Bluff, der die Landschaft begleitet. Südlich von Hermannsburg öffnet
sich das Palmental Palm Valley mit seinen 5.000 Jahre überlebenden
Rotkohlpalmen, die noch daran erinnern, daß im Innern Australiens
durch das viel feuchtere Klima fast überall Palmen wuchsen.

Die reichen kräftigen Farben, das leuchtende Rot und Orange, das mit
distanziertem Violett bis ins Tiefblaue wechselt, sowie die vielfältigen
Formen verwilderter Gebirgszüge und das strahlende Sonnenlicht sind
eine unerschöpfliche Quelle für die Inspiration eines jeden Künstlers.

Kein Wunder, daß der Aquarellist Rex Battarbee seine Heimat von
Victoria nach Alice Springs verlegte, um sich hier von den kräftigen
Motiven inspirieren zu lassen. Auf seiner Wanderung mit dem Kamel
durch die Wüste kam er 1934 auch nach Hermannsburg, um seine
Bilder auszustellen. Rex Battarbee war ein Meister der Farbe und der
Aquarell-Technik. Friedrich Albrecht, der Nachfolger Carl Strehlows,
lud ihn ein, seine Bilder in Hermannsburg auszustellen. Die Ureinwohner waren von den Werken begeistert, weil sie die starken Gefühle
zu ihrer Heimat erspürten. Unter ihnen war Albert Namatjira, der
nicht nur den Wunsch hatte, genauso zu malen, sondern sich auch als
Kamelführer für Rex anbot. Die beiden zogen allein ins Palm Valley,
und als sie nach zwei Monaten wiederkamen, brachte auch Albert
seine ersten Aquarelle mit, die die Bewunderung seiner Leute und vieler
weißer Australier auslösten.

Finke-Fluß bei Hermannsburg. Aquarell von Rex Battarbee.

Friedrich Strehlow: Grasbäume bei Hermannsburg

Die Ureinwohner hatten noch nie eine Kunstgalerie gesehen und waren von europäischer Malerei höchst gelangweilt. Aber hier spürten sie, daß sie ihre tiefe Liebe zu ihrer Landschaft und die Farbenvielfalt in Bildern festhalten konnten und damit persönlich starke Sympathie bei den Mitmenschen erregten.

Aus diesem Enthusiasmus entschlossen sich einige Ureinwohner, mit Rex Battarbee und Albert in die Einsamkeit der Wüste zu ziehen, um nun ihrerseits mit dem Aquarellieren zu beginnen. Später unterrichtete Albert nicht nur alle seine Söhne (Enos, Oskar und Ewald Namatjira), sondern auch seine Cousins Otto, Edwin und Reuben Pareroultja sowie noch andere interessierte Männer seines Stammes. Schließlich begann eine ganze Schule mit der Landschaftsmalerei, wobei manchmal 20 bis 30 Ureinwohner an den Kursen teilnahmen.

Die neuen Bilder sprühten von überschäumender Vitalität, Originalität und Farbenpracht. Rex Battarbee brachte die Aquarelle aus Hermannsburg in die Galerien im Süden, wo sie nicht nur Anerken-

Die Abendsonne bringt den Mount Gillen bei Alice Springs wie einen
violetten Opal zum Leuchten.

nung, sondern zugleich auch Käufer fanden. Die neuen Künstler
wurden überall in Australien bekannt und bewundert, besonders
Albert Namatjira, dessen Bilder von der Nationalgalerie, dem Kunst-
management und sogar der High-Society inklusive der englischen
Königin buchstäblich aus der Hand gerissen wurden. Als erster Ureinwohner wurde er mit der vollen australischen Staatsbürgerschaft
geehrt, die er aber gar nicht haben wollte, weil er wußte, welche Gefahr
damit verbunden war. Nun konnte er nicht nur Land, sondern auch
Alkohol für seine Sippe besorgen. Er spürte, daß er dem Ruhm und
dem persönlichen Reichtum nicht gewachsen war und suchte immer
öfter seine Zuflucht im Alkohol. Die Abende führten manchmal zu
Schlägereien, wobei es auch Tote gab. Seine Frau, von ihm unter
Alkohol bedroht, verließ ihn, und sein Leben endete im Gefängnis. Als
er frühzeitig entlassen wurde, war er ein gebrochener Mann. Er starb

wenige Monate später in Kummer und Gram. Seine Bilder haben ihn aber überlebt und die Hermannsburger Malerei in aller Welt berühmt gemacht. Heute wird er von seinen Stammesbrüdern als Held verehrt.

Das Farbenschauspiel von Zentralaustralien wird heute von Millionen Touristen aus der ganzen Welt bewundert. Rex Battarbee hat es wie folgt zusammengefaßt: »Ich werde niemals müde, auf den ruhmreichen Mount Gillen zu schauen, besonders beim Sonnenaufgang, wenn das Lichtspiel auf diese rauhen Gebirgsflächen fällt und den Felsen so in einem Rosarot zum Leuchten bringt, daß man glauben möchte, ein riesiger rot-heißer Bernstein läge über der Ebene. Dann, nach seinem frühen Morgenglanz, nimmt Mount Gillen ein kräftiges Orange an, das bis zum Nachmittag anhält, wenn sein eigener Schatten ein lichtes liebliches Blau über sein farbenprächtiges Gesicht fallen läßt, um ihn wie einen seltenen Opal zum Leuchten zu bringen. Wenn die Sonne tiefer sinkt, nimmt er ein noch tieferes Blau an, bis schließlich bei Sonnenuntergang das ganze Gebirge durch die letzte Farbenpracht der Sonne das Sonnenspektrum reflektiert.« (Strehlow: *Rex Battarbee*) (2).

Als Albert Namatjiras Enkelin Jillian 1991 starb, schrieb sie ihren Stammesgenossen ins Vermächtnis: »Unsere alte Welt ist überall zerstört, aber wir leben in einer intakten Landschaft. Wir sollen alles daran setzen, daß es so bleibt, nicht Löcher graben, Bergwerke und Öltürme setzen. Wir zeigen der Welt, wie Australien ist, durch unsere eigenen Hände, wenn wir malen, egal ob Landschaftsmalerei oder Punktmalerei. Wir zeigen der Welt, wie schön Australien ist.«

I.

Tanz des Lebens:
Ursprung von Himmel und Erde

»Am Anfang schuf Gott Himmel und Erde.
Und die Erde war wüst und leer,
und Finsternis lag auf der Tiefe.
Und der Geist Gottes schwebte auf dem Wasser.
Und Gott sprach: Es werde Licht!«

(1. Moses 1,1)

Hört mir zu, die ihr den Herrn sucht:
Schaut den Felsen, aus dem ihr gehauen seid.   Jesaja 51,1

Sonnenaufgang am Ayers Rock.
Das Farbenschauspiel von Zentralaustralien wird heute von
Millionen Touristen fasziniert bewundert.
»Ich werde niemals müde, auf den Ayers Rock zu schauen, besonders beim
Sonnenaufgang, wenn das Lichtspiel den Felsen rosarot zum Leuchten bringt, daß
man glauben möchte, ein riesiger rotheißer Bernstein läge über der Ebene.«

Die Entdeckung der ältesten Schöpfungsgeschichte
der Menschheit

Als Carl Strehlow den Schlüssel zur archaischen Geheimsprache der Arandas gefunden und das Vertrauen der Ältesten gewonnen hatte, eröffnete sich ihm das ganze Universum der ältesten Schöpfungsgeschichte der Menschheit. Zu seiner größten Überraschung feierten die Ureinwohner in ihren Zeremonien eine kosmische Schöpfungsgeschichte, die über die Entstehung von Himmel und Erde, Tieren und Pflanzen, Sonne, Mond, Sternen und den Menschen Auskunft gibt.

Diese Schöpfungsgeschichte hatten die göttlichen Urväter selbst am Anfang der Zeit den ersten Menschen mit dem Auftrag erzählt, sie unverändert von Generation zu Generation weiterzugeben: »Der gute Gott der Arandas, der ›Große Vater ALTJIRA‹, wohnte mit seiner Frau und seinen Gotteskindern über den Sternen im Himmel in ewiger Jugend und Glückseligkeit. Der Himmel stand mit vier Beinen auf der Erde, und die Sterne waren die Lagerfeuer der Götter.«

Da der Himmel den Ureinwohnern verschlossen war, konzentrierte sich ihre ganze Aufmerksamkeit auf die »Große Mutter Erde«. Die Berge und Flüsse, Tiere und Pflanzen und sogar sie selbst waren von den mächtigen Händen ihrer göttlichen Urväter geformt und geschaffen. Jedes Geschöpf war ein lebendiges Bild und ein Zeuge seines göttlichen Urvaters; es zeigte die »Imago Dei«, Gottes Ebenbildlichkeit.

Dieses Schöpfungsbewußtsein wurde zum Fundament ihres Lebens und gab ihnen das Gefühl der Solidarität und der Würde. Das Singen und Tanzen auf den alten Pilgerwegen ihrer göttlichen Urväter hatte nur ein großes Ziel: die Ehrfurcht und das Staunen für die Schöpfung zu vermehren. Die Ureinwohner glauben heute, daß das ganze Elend unserer Tage, die Zerstörung der Erde, die Drogensucht und die

Krankheiten sowie die Weltuntergangsstimmung eine Folge davon sind, daß sie ihre alten Schöpfungszeremonien nicht mehr feiern.

Der amerikanische Schöpfungstheologe Matthew Fox denkt ebenso, wenn er in seinem Buch *Der große Segen* (9) schreibt: »Durch den Verlust der Kosmologie und der Schöpfung haben wir uns dem Universum entfremdet. Die Zivilisation hat uns in den letzten Jahrhunderten die kosmologische Schöpfungsgeschichte zerstört. Dadurch ist nicht nur unsere Welt, sondern auch unsere Seele kleiner und krank geworden. Der Verlust der Schöpfungsgeschichte führte zu einer Identitätskrise, einem Verlust an Gemeinschaftsgefühl und zu Kälte, Einsamkeit und Verlassenheit. Daraus entstand die Verzweiflung und führte in die Flucht und die Abhängigkeit von Ersatzgöttern: Drogen, Alkohol, Arbeit, Sex, Pseudovergnügen, Show und Zerstreuung.«

Hildegard von Bingen vernahm schon vor 800 Jahren ebenfalls diesen Weltgestank und sagte unsere Umweltkastastrophe voraus: »Ich hörte, wie sich die Weltelemente mit einem wilden Schrei an Gott wandten: ›Wir können nicht mehr laufen und unsere Bahn nach unseres Meisters Auftrag ausführen; denn die Menschen kehren uns mit ihren schlechten Taten wie in einer Mühle von unten nach oben. Wir stinken schon wie die Pest und vergehen vor Hunger nach der vollen Gerechtigkeit.‹ Und Gott antwortet: ›Mit meinem Besen will ich euch reinigen und die Menschen solange heimsuchen, bis sie sich wieder zu Mir wenden … Mit den Qualen derer, die euch verunreinigt haben, will Ich euch reinigen, so oft ihr verschmutzt werdet. Doch nun sind alle Winde voll Moder und die Luft so schmutzig, daß die Menschen nicht einmal mehr ihren Mund aufzumachen wagen ... Auch welkte die grünende Lebenskraft durch den gottlosen Wahnsinn ... Ich antwortete ihnen: Seht ihr Mich denn nicht Tag und Nacht? Seht Ihr Mich nicht, wenn ihr sät und die Saat aufgeht von meinem Regen? Jedes Geschöpf sehnt sich zu seinem Schöpfer ... nur der Mensch ist ein Rebell, er zerreißt seinen Schöpfer in die Vielzahl der Geschöpfe. Doch wer schrieb die Bücher der Weisheit? In ihnen schlagt nach, wer euch geschaffen hat! …‹« (LVM, 3. Teil) (10).

Gott hat die Weltordnung geschaffen, sie mit den vier Elementen gefestigt und das All mit großem Glanz und Schönheit geschmückt. Es kommt darauf an, die Schöpfung wieder in den Mittelpunkt unseres Lebens zu rücken. Erst dann fließen wieder die Heilkräfte für uns und

William Ricketts Sanctuary.
Alles Leben auf der Erde erblickte durch die Taten der göttlichen
Urahnen das Licht der Welt.

unsere zerstörte Erde. Durch das neue Schöpfungsbewußtsein
entstehen Ehrfurcht und Achtung für uns und die Schöpfung, Halt
gegen Konsumsucht und Besitzgier und ein gegenseitiges Verbunden-
heitsgefühl mit allen Geschöpfen auf unserem wunderbaren Planeten,
den wir Erde nennen. Das ist die Botschaft der zentralaustralischen
Schöpfungsgeschichte für unsere heutige Zeit. Sie kommt in den
folgenden Mythen zum Ausdruck.

Vom Himmel, dem Paradies der Ureinwohner

Über den Sternen lebt ALTJIRA, der höchste und gute Himmelsgott der Arandas, mit seinen göttlichen Himmelsbewohnern. ALTJIRA ist hier seit Ewigkeit; er ist groß und schön und hat starke übernatürliche Kräfte. Seine Hautfarbe ist rot, und lange, blonde, gelockte Haare fallen auf seine Schultern. Ein weißes Stirnband ziert seinen Kopf. Er trägt Halsschmuck und Armbänder sowie einen aus Menschenhaaren gefertigten Gürtel und eine aus Haaren geknüpfte Schambedeckung. Er hat viele schöne Frauen, die immer jung und hübsch bleiben. Mit ihnen leben eine große Anzahl schöner Töchter und Söhne in seiner Gefolgschaft. Die Himmelsbewohner verbringen ihre Zeit in jugendlich-unbekümmerter Weise. Ihre goldenen Haare glänzen im Sonnenuntergang wie Spinnweben. Die Bewohner des Himmels leben seit Ewigkeit in immerwährender Jugend und Unsterblichkeit. Sogar die Hunde und die Emus, die auf der Erde Todfeinde sind, leben im Himmel friedlich und harmonisch zusammen, denn ALTJIRA und seine Söhne haben Emufüße und alle Himmelsfrauen Hundebeine.

In der Vorstellungswelt der Arandas ist der Himmel ein grünes Paradies, das in ewiger Schönheit blüht, so wie die Heimat der Arandas nach einem milden Frühlingsregen. Früchte und Beeren wachsen im Überfluß. Scharen von Vögeln bevölkern die Bäume und Tierherden die Täler. Durch das Paradies zieht sich die Milchstraße wie ein schöner, großer Fluß, der niemals austrocknet. An seinen Ufern wachsen riesige Eukalyptusbäume. Überall sprudeln nie versiegende süße Wasserquellen. Schwärme von Vögeln beleben das Paradies, während viele Tiere, wie Känguruhs, Katzen und Emus, in seinen unermeßlichen Jagdgründen umherschweifen. ALTJIRA und seine Söhne lieben die Jagd nach wilden Tieren, die zu den Wasserquellen kommen. Die himmlischen Frauen sammeln Wurzeln und Pflanzen, Beeren und Früchte, die hier zu jeder Jahreszeit üppig wachsen. Die Sterne, die zum Himmel aufsteigen, sind die Lagerfeuer ALTJIRAS.

So wie Zeus für die Minoer, verkörpert auch ALTJIRA für die Arandas das Idealbild eines starken Göttervaters mit nie endender jugendlicher Lebenskraft und Sexualität. Jeder junge Aranda möchte so wie ALTJIRA in der Gesellschaft von schönen Frauen und Freunden leben, jagen und spielen.

Auch im Tierreich wird dieses ideale Vatersymbol ALTJIRAS von den Arandas verehrt. In Tanz imitieren sie den Emuvater, der um seine Emufrau herumstolziert, sogar geduldig auf dem Nest hockt, um die Eier auszubrüten. Später zeigt der Emuvater seinen Küken die Wasser- und Futterplätze und schützt sie vor ihren natürlichen Feinden.

ALTJIRAS Herrschaftsgebiet erstreckt sich jedoch nur über den Himmel. Die Menschen auf der Erde kümmern ihn herzlich wenig. Die Himmelsgötter haben die Erde weder geschaffen, noch nehmen sie Anteil am Schicksal der Erdenbewohner. Sie schickten weder Gesundheit noch Krankheit, weder Leben noch Tod. Sie haben auch nicht die Urväter geschaffen, von denen die ganze Schöpfung auf der Erde ausgegangen ist. Auch auf den Lauf von Sonne, Mond und Sternen, das Wetter und die Elemente haben die Himmelsbewohner keinen Einfluß.

Für die Arandas war der Himmel ohne praktische Bedeutung. Die Götter existierten nur jenseits der Sterne, deshalb empfanden sie weder Liebe noch Furcht vor ALTJIRA. Ihre einzige Befürchtung bestand darin, daß eines Tages der Himmel einfallen könnte und sie alle erschlagen würde, denn der Himmel ruht auf steinernen Beinen. Dennoch konnten die Arandas in den blauen Himmel schauen und von der Schönheit und dem Reichtum des himmlischen Paradieses berichten, wie es ihnen die Alten von Beginn der Zeit erzählt hatten:

»Hört zu! Unsere alten Männer, die schon lange tot sind, haben uns immer wieder versichert, daß hoch über den Sternen ALTJIRA wohnt, der junge Mann oben im Himmel. Er lebt hier schon seit aller Ewigkeit. Und seine jungen Frauen leben mit ihm. Die Milchstraße, die du am nächtlichen Himmel siehst, ist ein Fluß mit vielen Windungen, der sich über den Himmel zieht. Auch die Sterne sind ewig, das können wir dir versichern. Sie sind die Lagerfeuer der Himmelsbewohner.«

»Die Frauen und Männer im Himmel altern nicht, sie bleiben immer jung und schön. Die Brüste der Frauen bleiben immer rund und fest. Nur wir Erdenbewohner leben nicht ewig, wir werden älter und verwelken, eine Generation nach der anderen. Aber sie leben ewig, unsterblich, bis in alle Ewigkeit.«

Voller Neid blickten die Urväter in den Himmel, in dem es weder Mangel noch Plage, Trockenheit, Krankheit, Alter oder Tod gab, so daß einige in Versuchung gerieten, im Himmel zu jagen. In der Nähe des Finke-Flusses, am Durchbruch des Flusses durch das MacDonnell-Gebirge, wohnten in einer großen Felsenhöhle die Entenmänner. Da die ganze Erde mit Wasser bedeckt war, fanden diese Urväter keine Nahrung und stiegen wiederholt in den Himmel, um in den Jagd-gründen ALTJIRAS nach Enten zu jagen. Reichbeladen kehrten sie mit ihrer Beute wieder auf die Erde zurück.

Als später ALTJIRA den Entenmännern das Jagen in seinem Reich verbot, ergriff ein Entenmann einen Stock, mit dem er auf das Wasser schlug, und befahl »Geh fort!«, worauf sich das Meer nach Norden zurückzog und das Festland sichtbar wurde. Einige Entenmänner stiegen aber nach wie vor zu den Jagdgründen des Himmels empor, weshalb auf ALTJIRAS Befehl der Berg im MacDonnell-Gebirge versank. Nun war den Entenmännern der Rückweg abgeschnitten, und sie waren gezwungen, im Himmel zu bleiben. Hier führen sie heute noch als Sternbilder ein ewiges Dasein.

Von Sonne, Mond und Sternen

Die Sonne ist eine große, schöne Frau mit göttlichen Kräften. Sie hat langes, weißes Haar und wohnt im Osten. Wegen ihres Feuers will sie keinen Mann heiraten. Sie hält ein großes Feuer in der Hand, steigt am Tag die Bäume hinauf und klettert schließlich am Abend den Himmel wieder herunter. Über Nacht kehrt sie auf die Erde wieder nach Osten zurück, wobei sie sich unter der Armhöhle eines Menschen versteckt hält. Bei Sonnenfinsternis stellt sich ein großes, böses Wesen vor die Sonne, so daß sie nicht mehr sehen kann. Die Ureinwohner nennen die Sonnenstrahlen »Schamhaare der Sonne«.

Nach der Überlieferung trägt ein Mann den Mond in Gestalt einer großen, weißen Kugel umher. Auf seiner nächtlichen Wanderung kommt der Mann mit dem Mond zu einem Feigenbaum, auf dem er durch das Mondlicht viele Opossums erblickt. Er setzt den Mond mit seinem Schild auf den Boden, klettert auf den Baum und erschlägt viele dieser Tiere. Auf diese Weise wandert er jede Nacht umher und trägt den Mond auf seinen Schultern, um Opossums zu fangen. Eines Nachts begegnet er einem anderen Mann, der auf seinen Schultern einen wunderbaren glänzenden Stern trägt; der Mondglanz nimmt von Nacht zu Nacht ab. Während der Mondmann Opossums fängt, nimmt der Sternenmann den Mond weg und tauscht ihn gegen einen Stern ein. Der Mondmann läßt sich nun schnell vom Baum nieder, um den Dieb

zu fangen. Es beginnt ein Kampf um den Mond, wobei der Sternenmann mit dem Mond flieht und zum Himmel emporsteigt. Der Mondmann steigt ihm hinterher, um ihm den Mond wieder zu entreißen.
Zeigt der Mond einen Hof, so spinnt der Mondmann Opossumhaare,
die er auf seinen Oberschenkeln aufrollt. Bei Mondfinsternis verhüllt
der Mann sein Gesicht mit Opossumhaaren, so daß man den Mond
nicht sehen kann.

Vor langer Zeit gingen zwei Brüder mit ihrem Neffen nach Osten,
um ihn in einer Höhle zu erschlagen und zu essen. Der eine Bruder
blieb vor der Höhle sitzen und sah viel Wild vom Berge herunter-
kommen. Er rief seinem anderen Bruder zu: »Komm, denn die Tiere
gehen in die Höhle.« Darauf kam dieser und erschlug viele Wallabys,
legte Spinifexgras vor die Höhle und zündete es an, worauf das Wild
durch den Qualm erstickte. Der Neffe konnte sich nach draußen retten,
um nicht erschlagen zu werden. Als er zurückkam, schliefen die beiden
Brüder in der Höhle. Der Junge zündete Gras an und räucherte die
Höhle aus, wodurch die beiden Brüder in Qualen erstickten und zum
Himmel emporstiegen, wo sie jetzt als Abendstern zu sehen sind.

In Katala, einem Platz, an dem es im Winter sehr kalt wird und das
Wasser zu Eis gefriert, stiegen junge Frauen vom Himmel herab, um
mit ihren Tänzen an den Beschneidungszeremonien der jungen Männer
mitzuwirken. Von hier stiegen sie wieder zum Himmel empor, um noch
jetzt als Siebengestirn bei den Zeremonien zuzusehen. Aus diesem
Grund wird die Beschneidung in den Sommermonaten durchgeführt,
weil dann das Siebengestirn im Osten aufgeht und die ganze Nacht
über dem Himmel steht, so daß das Sternbild als Zuschauer an den
Ritualen teilnehmen kann.

Vom Anfang der Welt

Am ersten Anfang lag alles in absoluter Finsternis. Nacht lagerte
wie eine undurchdringliche Decke über der Erde. Sie ist ebenfalls ewig
und wurde zuerst vom Meer bedeckt. Aus diesen ungeheuren Wassermassen ragten verschiedene Berge hervor, auf denen einzelne Urahnen
wohnten. Sie waren mit übernatürlichen Kräften ausgestattet und
wurden von den Ureinwohnern als sogenannte Totemgötter verehrt.
Sie hatten in ewiger Abgeschiedenheit hier seit ewigen Zeiten

geschlafen und wurden als unsterblich angesehen. Auf jedem Berg lebte ein anderer Gottmensch, auch Känguruhmänner, Emumänner und viele andere mehr. Jedes Tier, jede Pflanze, jeder Baum, jeder Fluß, jede Quelle, jedes Gebirge hatte sein eigenes Wesen.

Der Gesang der Landschaft

Nun kamen überall aus der Erde die ewig unerschaffenen Totemgötter hervor, die bisher in unterirdischen Höhlen geschlafen hatten. Sie traten in Menschengestalt auf und waren mit übernatürlichen Kräften ausgestattet. Auf ihrer Wanderung durch die australische Landschaft sangen sie Lieder und tanzten, um so die ganze Schöpfung ins Leben zu singen. Ganz Australien wurde so von einem singenden, tanzenden Labyrinth durchzogen, wobei die Totemgötter auf ihren Wanderwegen ihre Liedspuren hinterließen. Durch die Kraft dieser Urgesänge wurde der ganze australische Kontinent zum Leben erweckt. Flüsse und Landschaften, Tiere und Pflanzen, Schlangen, Kakadus und Honigameisen – jedes Geschöpf hatte so seinen ureigensten Gesang und seine eigene Zeremonie.

Von diesem Augenblick an wurden die heiligen Lieder der Urväter von allen Generationen als ihre geheime, heilige Naturreligion bis in unsere Zeit gesungen und getanzt. Genauso wie ihre Urahnen jagten, aßen, liebten und tanzten die Aborigines auf deren musikalischen Spuren, wo immer sie hinkamen. Sie besaßen durch sie die Fähigkeit, sich selbst in Tiere, Pflanzen, Felsen und Gebirge zu verwandeln und konnten sich in ihren Zeremonien genauso wie Känguruhs, Adler oder Emus bewegen.

Der Känguruhvorvater fraß Gras und floh wie ein richtiges Känguruh vor seinem Jäger. Die Emumänner liefen wie Emus umher, aßen Früchte und Beeren. Doch konnten sie auch in der Erde verschwinden und unter der Erdoberfläche weiterwandern, wo sie Zeremonien veranstalteten und Feste feierten. Die Entenmänner konnten in Menschengestalt herumwandern, sich einen Strick spinnen und auf ihm sitzen wie die Enten. Die Stachelschweinigel wurden bei ihren geheimen Beschneidungszeremonien überrascht und von ihren Feinden mit so viel Speeren getroffen, daß sie für alle Zeiten mit Stacheln herumlaufen mußten.

Zeremonienplätze – heilige Orte der Kraft

Den Totemgöttern gehörten gewisse heilige Plätze, wo sie nach Vorstellung der Ureinwohner bis heute leben und schlafen. Diese Plätze befanden sich meistens in der Nähe markanter Berge, Wasserquellen und Felsenschluchten, wo auch die Totemtiere in großer Zahl auftraten. So waren am Eidechsentotemplatz viele Eidechsen, an fischreichen Wassern Plätze der Fische und an den Känguruhfelsen die heiligen Zeremonienplätze für die Känguruhmänner. Hierhin kehrten die Totemgötter zurück, um ihre Zeremonien aufzuführen. Einige machten weite Reisen und kamen erst spät abends mit ihren jungen Männern müde in die alte Heimat zurück. Auf diesen Reisen feierten sie täglich ihre Zeremonien, unterrichteten die jungen Männer in Kulthandlungen und tanzten und sangen, um sie in die Geheimnisse der Männer einzuweihen. Durch diese Gesänge waren sie in der Lage, die Fruchtbarkeit der Tiere und Pflanzen anzuregen, das Wetter zu beeinflussen, durch den Regen das dürre Land fruchtbar zu machen und die Liebe der Frauen zu erwecken. Diese übernatürlichen Kräfte der Urväter gehen auch auf die heutigen Ureinwohner über, wenn sie die geheiligten Zeremonien feiern, die Lieder singen und die Tänze aufführen.

Die TJURUNGA – der eigene, verborgene Leib der Urväter

Die Totemgötter vollbrachten viele Wunder, heilten Krankheiten, bahnten Wege durch unwegsames Gebirge und hüllten durch ihre heiligen Gesänge ganz Australien in eine einzige, große, klingende Symphonie der Schöpfung. Ganz ermüdet kamen sie nach ihrer Wanderung in ihre Heimat zurück und warfen sich erschöpft auf den Boden nieder, wobei sich ihre Leiber zum Teil wieder in Hölzer, zum Teil in Stein verwandelten, in sogenannte TJURUNGAS, d.h. in den eigenen, verborgenen Leib der Urväter. Daher nennt man auch jede heilige Zeremonie, in der die Urväter anwesend sind, TJURUNGA. Der heilige Tanz, die Gesänge und alles, was dazugehört, die Schwirrhölzer, die heiligen Erdbilder, der Zeremonienpfahl, die Sagen und die Mythen werden als TJURUNGAS verehrt. Praktisch alles, was in irgendeiner Beziehung zu den Urvätern stand, wurde als heilige TJURUNGA verehrt.

Initiationsfelsen im Palm Valley.
Das Amphitheater im Palm Valley war in der Schöpfungszeit ein Tanz-
und Zeremonienplatz der Urahnen, die hier die Beschneidungszeremonien
durchführten. Der Novize wurde von seiner zukünftigen Frau auf den
Felsen getragen. Die Spitze des Berges symbolisiert den Novizen und sein
Haar, das er wie eine Hülle nach hinten eingebunden trug. Die
Urmütter, die den Frauentanz vor der Initiation aufführten, verwandelten
sich in die tiefen Schluchten, und die Urväter, die die Zeremonie
aufführten, verwandelten sich in die steilen Felswände im Süden.

Andere Totemgötter, die nicht herumreisten, gingen in die Erde ein
und verwandelten ihre Leiber in Bäume oder Felsen, die den Ureinwohnern als heilig und unverletzlich galten. Von ihnen konnten
Kinderkeime in vorübergehende Frauen eingehen, so daß alle diese
Plätze als kleine, heilige Zeremonienplätze galten. Wer einen
TJURUNGA-Baum fällte oder einen solchen Felsen beschädigte, wurde
mit dem Tode bestraft. Ein Tier, das auf einem solchen Baum oder
Felsen Zuflucht gesucht hatte, durfte niemals gejagt werden. Nicht
einmal das Gras, das in unmittelbarer Nähe dieser heiligen Orte wuchs,

Der Grassamen-Urvater sorgt für die Fruchtbarkeit der Wüste.
Im Kopfschmuck trägt er blühendes Gras, aus dem Samen in die
ganze Umgebung verstreut wird.

durfte gemäht oder abgebrannt werden. Auf diese Weise wurde die australische Landschaft bis in die heutige Zeit von den Ureinwohnern unverletzt und unbeschädigt bewahrt. Welche Schmerzen empfinden sie heute, wenn die Landschaft von Straßen durchzogen, von Bergwerken ausgebeutet und mit Häusern bebaut wird!

Die Jungfrauen der Mutter Erde

Außer den Urvätern lebten seit der Urzeit auch viele Frauen auf der Erde, die übernatürliche Kräfte besaßen. Einige konnten die ursprünglich blinden Tiere und Vögel sehend machen. Sie unternahmen ebenfalls Wanderungen, auf denen sie durch ihre Lieder und Tänze viele Tiere, Felsen und Flüsse ins Leben sangen. Sie konnten sich genauso in Bäume und Felsen verwandeln und wurden auch als heilig verehrt. Auch ihre Seelen gingen in die Erde ein, wo sie jetzt in aller Verborgenheit weiterleben. Die heiligen Gesänge dieser Frauen wurden von den Ureinwohnerinnen in ihren Zeremonien unter absolutem Ausschluß der Männer gefeiert, getanzt und gesungen.

Von bösen Geistern, Teufeln und Dämonen

Aus der nordischen Mythologie kennen wir die Kobolde und Gnome, die tief in der Erde ihr Unwesen treiben. Auch in der australischen Mythologie gibt es böse Wesen, die von Zeit zu Zeit auf die Erde kommen, um den Menschen zu schaden, ihnen Krankheiten und Tod zu bringen. Der Hölleneingang zu diesen Wesen befindet sich im finsteren Westen und ist mit Baumwurzeln zugedeckt. Die bösen Geister treten in verzerrten Tiergestalten auf, z.B. in Hundegestalten mit Menschenhänden, Känguruhbeinen, langen Ohren und Zähnen, langen Haaren, krummem Kinn und schiefer Nase. Ihr Rücken ist weiß behaart, während der Bauch rot gefleckt ist.

Diese bösen Geister wohnen in den Höhlen, wobei einer von ihnen am Eingang der Höhle wacht, während die jüngsten Geister nachts bei den Menschen ihr Unwesen treiben. Sie reißen ihre Opfer in Stücke und verzehren Haut und Haare. Wieder andere Wesen schleichen in Menschengestalt umher. Sie haben große runde Ohren und hakenför-

William Ricketts Sanctuary.
Auch die Urmutter befreite die Mädchen aus ihrer schlafenden Position
unter der Erde und brachte ihnen Tänze, Lieder und heilige Zeremonien bei.

mige Nasen. Sie wohnen unter Felsplatten. Weitere fliegen in Gestalt
von großen, schwarzen Vögeln mit Menschengesichtern und mit
schwarzen, langen Haaren umher. Sie stellen besonders kleinen
Kindern nach, die sie mit Stöcken schlagen und ihnen die Seele, das
Fett und die Leber aus dem Leib reißen, wonach die Kinder krank
werden und sterben.

Weitere böse Wesen erscheinen in Frauengestalt mit langen Haaren,
in die sie Knochen geflochten haben. Sie nähern sich ihrem Opfer mit
einem Stock und langgezogenen Klagelauten: »Oooh, ooh, ooh«,
umwickeln seine Seele mit Garn und verstecken sich im Gebüsch. Im
Versteck führen sie einen magischen Frauentanz auf. Der mit Garn

umwickelte Mensch wird augenblicklich krank, magert ab und stirbt. In der nächsten Nacht kommen die Geister wieder und ziehen an der Schnur, worauf sich der Kranke erholt und umhergeht. Am dritten Tage aber, wenn sie erneut an der Schnur ziehen, stirbt das Opfer.

Andere böse Geister sind so groß wie Fledermäuse und schlüpfen in den Leib der Menschen, worauf diese sich erbrechen müssen. Dem herbeigerufenen Zauberdoktor gelingt es jedoch, die Geister zu vertreiben, indem er seinen Mund an die Schmerzstelle setzt, sie aussaugt und sie in Stücke zerreißt. Schließlich gibt es auch Skorpionwesen, die in der Nacht den Menschen stechen können, worauf dieser sterben muß.

Die Erde – das heilige Land

Nach der Überlieferung der Alten war die Mutter Erde der Schoß, aus dem alle Urahnen, Tiere und Pflanzen entsprungen waren. Jeder Urahn war mit einem ganz bestimmten Tier oder einer Pflanze untrennbar verbunden. Seine Lebenskraft war die gleiche, die Tieren und Pflanzen innewohnte, die er repräsentierte. Die übernatürlichen Urväter nahmen die verschiedensten Formen und Gestalten an. Riesenkänguruhs, Emus, Wallabys, Bandikuts und Schlangen, aber auch Pflanzen und Bäume, ja sogar die ganze Landschaft, Flüsse, Gebirge, Wasserlöcher und Quellen waren durch sie belebt.

Alle späteren Menschen stammten von diesen unsterblichen Urahnen ab. Die Urahnen lebten selbst durch die Wiedergeburt in ihnen weiter. Wiedergeburt bedeutete für die Aborigines die totale Identifikation mit dem ursprünglichen Urvater, mit dem sie im Innersten durch die Empfängnis verbunden waren. Für einen Känguruhmann war das Känguruh sein ältester Bruder und die Heimat der Känguruhs seine Geschwister. Die Zeremonienplätze waren das heilige Land, in dem die gleiche Lebenskraft ihrer Urväter verborgen war. Sein Leben war untrennbar mit dem Leben der Tiere und Pflanzen verbunden, und in seinen Zeremonien glaubte er, die Kraft zu haben, Tausende von Pflanzen und Tieren ins Leben zu rufen. Er hatte die gleiche Schöpfungskraft wie der Urahn, weil er genau die gleichen heiligen Gesänge wie seine Urväter benutzte, die sie komponiert hatten und die für den gleichen Schöpfungsakt benutzt wurden.

Der australische Ureinwohner empfand durch seine Religion ein

William Ricketts Sanctuary.
Mutter Erde. Am Anfang der Schöpfung unterrichteten die Menschen
in ihrer zeremoniellen Geheimsprache durch Tanz, Musik und
Gesang. Die kostbarste Form der Schöpfungsmythologie ist der
heilige Geheimgesang. Seine uralten Geheimtexte werden den Jungen
in den Initiationsritualen beigebracht. So werden sie von einer
Generation auf die nächste übertragen.

tiefes Zusammengehörigkeitsgefühl mit seiner ganzen Umgebung und
lebte in tiefer Verehrung und untrennbarer Einheit mit der Schöpfung
und seinen Geschöpfen. Diese persönliche intime Beziehung zu den
Tieren, Pflanzen, Felsen und Flüssen, Quellen und Gebirgen machte die
ganze Umgebung Zentralaustraliens zu seiner spirituellen Heimat, mit
der er durch tiefe Heimatliebe verbunden war. Die Geborgenheit in der
Gemeinschaft mit den Geschöpfen gab ihm die Kraft, die grausamen
Naturgegebenheiten Zentralaustraliens, die Hitze, die Trockenheit, die
Hungersnöte und vieles andere mehr zu überstehen. Solange die Bergketten standen, die Tiere überlebten, die wilden Blumen blühten,
hatten die Ureinwohner keine Angst vor der Zukunft. Natur und
Mensch teilten das gleiche Schicksal. Ihre Religion gab ihnen den
Glauben an ein gemeinsames Schicksal im Leben mit Pflanzen, Tieren
und Menschen.

II.

Der Tanz der Götter,
Helden und Troubadoure

»Als die Göttersöhne zu den Töchtern
der Menschen eingingen
und sie ihnen Kinder gebaren,
wurden daraus Riesen auf Erden.
Das sind die Helden der Urzeit,
die hochberühmten himmlischen Wesen
von göttlicher Art.«

(1. Moses 6,4)

Zwei Urväter vom Grassamen-Totem, die sich durch den Schmuck in
einen göttlichen Urvater verwandelt haben. Während der Zeremonie
vollbrachten sie viele Wunder, heilten Krankheiten und hüllten durch
ihre Gesänge ganz Australien in eine einzig-artige Symphonie der Schöpfung.

Die Menschen als Nachkommen der Urväter

Die göttlichen Urväter und Urmütter der Schwarzen Australier hatten nicht nur mit eigenen Händen die Schöpfung in Gang gebracht, sondern lebten auch noch in jedem Fels, jedem Fluß, jedem Tier und jeder Pflanze verborgen weiter. Jeder Kindersame war voller wundersamer Schöpferkraft. Sie waren für Regen und Wind, für den Duft der Pflanzen, die Farbe der Wildblumen und den glühenden Abend- und Morgenhimmel verantwortlich. Ihre Heldentaten wurden in den heiligen Liedern und Tänzen von Generation zu Generation weitererzählt. Diese heldenhaften Urväter schufen nicht nur die ersten Menschen, sondern zeigten ihnen auch die ersten Zeremonien, gaben ihnen die Stammesgesetze, teilten das Land ein und brachten ihnen bei, wie man Tiere und Pflanzen vermehren mußte, um unter den extremen Wüstenbedingungen zu überleben.

Die großen Schöpfungshelden wurden zugleich zu Religionsgründern der einzelnen Stämme, indem sie sich als sogenannte Totems in ihren eigenen Zeremonien verehren ließen. Alle Menschen betrachteten sich daher als direkte reinkarnierte Nachkommen dieser einzelnen Känguruh-, Adler- und Schlangenurahnen der alten Schöpfungszeit. Sie fühlten sich sowohl mit ihren Urvätern als auch mit deren Geschöpfen, den Tieren und den Pflanzen sowie der Landschaft in Flüssen, Bergketten, Felsen und Wasserlöchern, die alle ein Werk dieser Urväter waren, verbunden. Jedes Geschöpf wurde in den mythologischen Märchen, Sagen, Tänzen und Liedern benannt, gefeiert, besungen und betanzt, so daß ganz Australien zu einer klingenden tänzerischen, mythologischen Symphonie wurde.

Vom großen Heldenvater KARORA

Am Anfang der Zeit ruhte die Erde in undurchdringlich finsterer Nacht. Sie war wüst und leer. Es gab weder Pflanzen noch Tiere, Landschaft, Flüsse oder Quellen. Der Urvater KARORA lag schlafend unter der Erdkruste, wie alle anderen Urväter von Sonne, Mond und Sternen, Pflanzen und Tieren, die auf einen lebenbringenden Regenschauer warteten.

Sie warteten und fragten sich: »Wie konnten wir jemals in dieser finsternen Nacht ans Licht kommen?« Andere, wie der Känguruhmann oder der Emumann, sagten: »Wir Nachtwesen werden glücklich in der Finsternis weiterleben!« Der wilde Puter und das Stachelschwein hingegen riefen: »Nein, wir wünschen uns Sonne!«

Am anderen Morgen des ersten Tages brach die Sonne durch das Morgengrauen und überflutete alles mit goldenem Licht. Der GURRA – ein anderer Name für den Heldenvater KARORA – lag immer noch schlafend auf dem Grund eines trockenen Sees, sein Kopf auf den Wurzeln eines großen Zeremonientotembaumes, der bis in den Himmel reichte. Mutter Erde erwärmte sich. KARORA spürte die Sonnenwärme, die seinen schlafenden Körper belebte. Plötzlich sprangen junge Bandikuts aus seinem Nabel und seinen Armhöhlen hervor und drangen an die Erdoberfläche ins frische Leben. Wie andere Beuteltiere trägt das Bandikut sein Junges in der Tasche; es sieht wie eine Ratte aus und erreicht eine Größe bis zu einem halben Meter.

KARORA fühlte seine steifen Glieder und wurde hungrig, da die magische Kraft, die ihn in seiner ewigen Abgeschiedenheit am Schlafen hielt, verließ. Langsam öffnete er seine Augen und blinzelte mit den Augenlidern. Plötzlich brach er durch die Erdkruste, und das große Loch, durch das er kroch, wurde das Wasserloch von Ilbalintja, gefüllt mit dem süßen Saft der Honigameise. So entstand das Sonnentotemzentrum der Bandikuts von Ilbalintja.

Er sah seine Kinder im Sonnenlicht spielen, griff sich zwei Bandikuts, wärmte sie am Feuer oder der Sonne und stillte zunächst damit seinen Hunger.

Als am Abend die Sonne unterging, wurde er müde, streckte sich über die Erde aus und schlief ein. Während er schlief, schlüpfte aus seiner Achselhöhle ein Schwirrholz hervor, das an einem langen Faden

Karora sah seine Kinder im Sonnenlicht spielen.
Die Bandikut-Tänzer tragen spitze Hüte, an denen Schwirrhölzer und
Tjurungas befestigt sind. In ihren Händen tragen sie Blätterbüschel.
Um ihren Hals hängen sie Schmuckketten und Tierschädel.

aus Menschenhaar befestigt war. Wenn man es zwischen seinen
Fingern zum Drehen brachte, fing es an zu brummen. Das Schwirrholz
wuchs über Nacht bis zur Größe eines erwachsenen Jungen heran. So
wurde KARORAS erster Sohn geboren. Er legte sich an seine Seite und
schlief mit dem Kopf auf seines Vaters Schultern ein.

In der Morgendämmerung des zweiten Schöpfungstages erwachte

KARORA und stieß vor Freude über seinen neugeborenen Sohn einen lauten Urschrei aus: »Ich bin Bandikut.« Dieses erste »Ich bin« wurde von diesem Augenblick an für alle nachfolgenden Zeiten das geheime heilige Lied der Bandikutzeremonie.

Sein Sohn war ins Leben gerufen und tanzte den Zeremonientanz der Bandikutmänner um seinen Vater herum. Dieser saß im vollen Zeremonienschmuck, mit Daunenfedern und Blut verziert, auf dem Boden. Der Sohn tanzte und sang, und der Vater versetzte seinen Körper in zitternde Bewegungen. Dann legte der Sohn seinen Arm um seinen Vater und beschloß die erste Zeremonie mit einer zärtlichen Umarmung. Danach schickte der Vater seinen Sohn zur Jagd auf Bandikuts, die friedlich im Schatten spielten. Abends kam der Sohn mit seiner Jagdbeute nach Hause, und sie setzten sich um das Lagerfeuer, um ihre Beute zu braten und zu verspeisen. Die Nacht brach herein, und beide legten sich schlafen.

In jener Nacht wurden zwei weitere Söhne geboren. Am nächsten Morgen wurden sie ebenfalls mit einem Urschrei begrüßt und zum Leben gebracht. »Ich bin ein Bandikut!«, rief der Sohn. Die Geburtsvorgänge wiederholten sich noch viele Tage und Nächte. Die Söhne jagten, und der Vater gebar eine große Kinderschar, bis zu 50 Söhne in einer Nacht. Aber bald war ihr Hunger so groß, daß sie alle Bandikuts, die KARORA geboren hatte, aufgegessen hatten. KARORA und seine Söhne hatten offenbar keine Hemmungen, ihre eigenen Familienmitglieder zu verspeisen.

In seinem Hunger schickte der Vater seine Söhne drei Tage auf die Jagd, aber die Söhne kehrten ohne Beute zurück, obwohl sie an allen Ecken und Enden gesucht hatten. Hungrig und durstig kamen die Söhne nach Hause zurück. Plötzlich hörten sie das Brummen des Schwirrholzes. Sie suchten alles ab und stocherten mit ihren Stöcken in allen Hügeln und Löchern herum. Auf einmal fanden sie ein Wallaby-Tier und brachen ihm mit ihren Stöcken die Beine. Das Wallaby klagte: »Nun bin ich lahm. Ich bin ein Mann wie ihr auch. Ich bin kein Bandikut.« Und mit diesen Worten humpelte es davon.

Enttäuscht liefen die GURRA-Söhne nach Hause und trafen unterwegs ihren Vater. Er führte sie zurück zu ihrem See, wo sie sich am Ufer niedersetzten. Plötzlich stiegen die Fluten an. Süßer Honig von den Honigameisen stieg aus dem See und zog sie alle mit sich in die Tiefe. Der alte KARORA überlebte, aber seine Söhne wurden durch die Fluten

Die Olga-Berge.
Bereits am Morgen läßt die aufgehende Sonne die Berge rotgold
erglühen. Am Abend leuchten die Gebirgsketten im satten Rosarot
vor einem Himmel, der das ganze Sonnenspektrum wiedergibt.

weggespült und verwandelten sich in große Felsbrocken. Heute noch verehren die Arandas den Platz aus Steinen und Felsen, der jetzt Olga-Gebirge genannt wird.

KARORA blieb in seinem Wasserloch und fiel in einen ewigen Schlaf. Wenn die Eingeborenen zum See kommen, um ihren Durst zu stillen, legen sie Mulgazweige nieder. KARORA freut sich, daß sie ihn besuchen, und lächelt im Schlaf. Das lahme Wallaby wählten die Aborigines zu ihrem neuen Zeremonienmeister, und in allen Bandikutzeremonien ist das Wallaby nun der große GURRA-Chef von Ilbalintja.

Wie der große Häuptling MANGARKUNJERKUNJA die Menschen erschuf

Alles Leben auf der Erde erblickte durch die Taten der göttlichen Urahnen das Licht der Welt. Nur die Urahnen selbst waren schon von Anfang der Welt da, unsterblich bis in alle Ewigkeit. Die Menschen lebten zunächst unter der trockenen Erde in einer hilflosen Lage. Sie waren miteinander zusammengewachsen, bis der große Häuptling MANGARKUNJERKUNJA vom Norden kam, um sie zu befreien und ihr Los zu verbessern. Er trennte zunächst mit einem Steinmesser die einzelnen Wesen voneinander, schlitzte ihnen Augen, öffnete ihnen die Ohren, den Mund und die Nase, trennte die einzelnen Finger und Zehen voneinander und nahm an ihnen mit einem Steinmesser die Beschneidung vor (Inzision). Auch die Subinzision führte er aus, indem er den Männern die Harnröhre von unten aufschlitzte. Dann zeigte er ihnen, wie sie Feuer reiben und künftig ihre Nahrung zubereiten sollten. Er gab ihnen einen Speer und Speerwerfer, Schild und Bumerang und jedem seine eigene TJURUNGA.

Nach seiner Anweisung gab er ihnen eine Heiratsordnung, die die Heirat der Klassen untereinander regelte. Zwei Gruppen, die Landbewohner und die Wasserbewohner, wurden von Anfang an genau voneinander unterschieden; sie sollten nicht untereinander heiraten.

Er teilte das große Gebiet, das die Arandas bis heute bewohnen, unter den verschiedenen Klassen auf, so daß jede Gruppe ihren genauen Platz, ihren Jagdgrund und ihren Zeremonienplatz hatte. Dann wanderte der große Fliegenfängerhäuptling nach Norden zurück. Weil er aber schon zu müde war, vollzog er hier keine Beschneidungen. Die Küstenstämme Australiens kennen daher die Beschneidung nicht und werden von den Arandas verächtlich »Jungen mit der Vorhaut« genannt.

Der große Wohltäter MANGARKUNJERKUNJA schärfte aber den Arandas ein, an der Beschneidungszeremonie festzuhalten und sie genau zu befolgen. Würden diese Riten unterlassen, so verwandelten sich die Jungen in böse Wesen, die dann den Männern ihre Speere heimlich wegnähmen und sie umbrächten und verzehrten.

Wie PUTIA PUTIA den Arandas beibrachte, ihre eigene TJURUNGA zu fertigen

Der Fliegenfänger KARORA hatte zwar die Menschen erlöst und ihnen Waffen und eine TJURUNGA gegeben, aber sie hatten noch keine Ahnung von der Religion. Sie lebten in völliger Unkenntnis. Sie konnten sich weder selbst eine TJURUNGA anfertigen, noch Zeremonien

William Ricketts Sanctuary.
Die Menschen lebten zunächst unter der trockenen Erde in einer
hilflosen Lage. Sie waren miteinander zusammengewachsen, bis der
große Häuptling Karora kam, um sie zu befreien.

ausführen. Da kamen vom Norden zu verschiedenen Zeiten die großen
göttlichen Häuptlinge, um sie in die Geheimzeremonien einzuweihen.
Zu diesen gehörte PUTIA PUTIA, ein Wallaby-Totemgott, der von
Norden aufbrach. Er kam zu dem Totemplatz Rama am Finke-Fluß,
um die Arandas in ihre Traditionen einzuweihen. Nachdem er unter
den verschiedenen Holzarten den Mulgabaum ausgewählt hatte,
fertigte er mit seinem Steinmesser eine TJURUNGA, verzierte sie mit Hilfe
eines Oppossumzahnes und bohrte an ihrem Ende ein Loch. Hier befestigte er eine Schnur aus Menschenhaar und ließ die TJURUNGA
schwirren. Dabei erklang ein weithin hörbarer, brummender Ton.

Die Inititiationsfeiern der Arandas

Nachdem er die TJURUNGA in eine Tasche gesteckt hatte, rief er die
Wallaby-Männer herbei und ließ sie in einer Reihe hintereinander
in den Sand legen. Er griff vom ersten Mann die rechte Hand und löste
mit seinem Opossumzahn den rechten Daumennagel ab. Hierbei durfte
der Wallaby-Mann keine Miene verziehen und auch keine Träne
vergießen. Darauf ritzte er ihm die Stirn und die Stelle über den Augen-
brauen, so daß dessen ganzes Gesicht und die rechte Hand blutüber-
strömt waren. Nachdem er diese Prozedur der Reihe nach an allen
versammelten Männern vorgenommen hatte, zog er die TJURUNGA aus
seiner Tasche und legte jedem eine in die geöffneten Hände.

PUTIA PUTIA erklärte ihnen die Zeichen auf der TJURUNGA und zeigte
ihnen, wie man mit einem Opossumzahn TJURUNGAS selbst schnitzen
und geheime Zeichen eingravieren konnte. Jetzt mußte sich jeder selbst
eine TJURUNGA anfertigen. »So sollt ihr immer die TJURUNGA
herstellen«, ermahnte sie PUTIA PUTIA, doch sollten sie diese nur eingeweihten Männern zeigen, niemals den Frauen und Kindern! Danach
färbte PUTIA die TJURUNGAS mit rotem Ocker und trug sie in heilige
Steinhöhlen zur Aufbewahrung.

An den Lagerplatz zurückgekehrt, schickte PUTIA die Männer auf die
Jagd nach grauen Känguruhs und ließ sich währenddessen von einem
Mann schmücken. Der Mann zog ihm mit Kohle einen breiten Streifen
um den Leib und je einen Streifen von der Stirn über das Gesicht und
den Oberkörper bis an seine Knie; zu beiden Seiten der schwarzen
Streifen klebte er weiße Vogeldaunen an.

Als die Männer von der Jagd zurückkehrten, hielt PUTIA seine Hand
vor den Mund und brachte den bekannten weithin hörbaren Eröff-
nungslaut »rai an kama« hervor, indem er seine hohle Hand vor dem
Mund hin- und herbewegte. Die Männer legten ihre Beute nieder und
gaben sie dem Häuptling. Dieser saß auf dem Boden und schlug mit
kleinen Gummizweigen im Takt auf seine Oberschenkel. Zitternd
bewegte er seinen Oberkörper hin und her, wobei die Männer im Kreis
um ihn herum tanzten und im Takt die Laute »wa, wa, wa, jei, jei, jei,
trr, trr« sangen. Mit einer innigen Umarmung ging die Zeremonie zu
Ende. PUTIA erklärte ihnen, daß dies die TJURUNGA MALBANKAS ist, d.h.
die Zeremonie der Wilden Katzen. Das Fleisch wurde herbeigeholt und

Am Schluß der Zeremonie holt der Stammesälteste den Tänzer
durch eine innige Umarmung in die Wirklichkeit zurück. Aus dem
göttlichen Urvater wird wieder ein Mensch.

gebraten. PUTIA teilte es unter den Versammelten aus mit der
Mahnung, nichts von diesem Fleisch den Frauen und Kindern zu
geben. Den Männern, die das Fleisch beschafft hatten, gab er Brot aus
Grassamen.

Nachdem PUTIA sie noch verschiedene andere Zeremonien gelehrt
hatte, sandte er je zwei Männer nach Südosten, Osten und Westen aus,
um auch allen Bewohnern der übrigen Lagerplätze diese Zeremonien
mitzuteilen. Dort führten die Botschafter die gleichen Zeremonien aus

und kehrten in ihre Heimat zurück, um PUTIA von ihrer Mission zu berichten. Auf diese Weise entstanden neue Zeremonienplätze, und viele Männer wurden mit den Zeremonien vertraut gemacht.

Der Liebeszauber von KULURBA

Wie sollten die nackten und besitzlosen Ureinwohner ihren Frauen imponieren ohne italienische Anzüge, ohne Kaffeehäuser und Parfüm? Da half saftiger Känguruhbraten, den die jungen Burschen den Mädchen anboten. Wenn sie akzeptierten, war das ein Beweis gegenseitiger Liebe.

Aber auch die Liebe war von den großen göttlichen Urvätern ritualisiert worden, und KULURBA, der große Häuptling und Vater von MALBANKA, hatte den Arandas seine Liebeszeremonie beigebracht, deren Charme sich keine Arandafrau entziehen konnte. WAPITI, der letzte Zeremonienmeister des Wilden-Katzen-Totems von Ltalajuma, hatte seinem Nachfolger TELMA die geheimsten Liebeszeremonien anvertraut mit der Maßgabe, sie vor allen Außenseitern und besonders vor frisch initiierten Männern streng geheimzuhalten, so daß sie damit ihre Frau nicht total verrückt machen könnten. Theodor Strehlow hat in seinem Buch *Songs of Central Australia* (2) diesen Liebeszauber festgehalten.

Bei Ltalajuma lebte seit Beginn der Zeit KULURBA, der große, wilde Katzen-Urvater, der niemals herumwanderte. Er war verheiratet und hatte einen großen Harem, über den er eifersüchtig wachte. Außerdem hatte er sehr viele Söhne. Durch seine Liebeslieder wurden die Ehefrauen befähigt, nur ihren eigenen Ehemann zu lieben.

Im Flußbett von Ltalajuma gab es verschiedene Quellen, die aus einem großen Felsenmeer heraussprudelten und in das Flußbecken strömten. Ursprünglich war KULURBA selbst aus den Tiefen der großen Quelle heraufgestiegen, wo er das Licht der Welt erblickte. An einigen Tagen war das ganze Becken mit seinem eigenen Blut angefüllt, das er sich selbst durch Aderlaß aus dem Arm fließen ließ. In der Mitte des Wasserbeckens stand der Zeremonienpfahl, und KULURBA sang:

»Das Felsenwasserbecken soll mit Schilf umgeben sein,
Das Felsenwasserbecken soll mit Blut gefüllt sein.«

In der Ferne saßen die Frauen am Flußbett und sahen KULURBAS Zeremonienpfahl kräftig hin- und herschwingen. Sie sahen ihn wie einen Blitz zucken und wie er in der Sonne das ganze Wasserbecken mit Wellen erregte. Die Frauen waren von dem Zeremonienkult der Blauen Felsentauben und sahen KULURBA bei seinem Treiben zu.

»Eine liebliche Ebene«, sang er, *»liegt weit ausgebreitet vor mir. Ein unterirdischer Weg liegt vor mir«.*
Diese Verse trafen die Frauen wie ein Blitz in ihren Körper, so daß sie zu zittern begannen.
»Tief unten in der Felsenspalte laß sie kräftig erzittern.«
Ihre Körper zitterten durch diese Zauberformel.
»In die tiefsten Tiefen ihres Körpers versenke ich mich.«
Die Frauen fielen in leidenschaftliche Ekstase.
»In der Nabelgegend verursache ein leidenschaftliches Zittern.«
Diese Verse lösten den letzten Rest ihrer Zurückhaltung.
»In den Kelchen von Nektar löse das leidenschaftliche Herzklopfen aus.«
Diese Verse lösten sämtliche Hemmungen und sprengten alle Fesseln.
»In den Kelchen von Nektar zittere vor Leidenschaft.
In den tiefen Tiefen des Körpers zittere vor Leidenschaft.«

Diese Verse lösten bei den Frauen den Orgasmus aus. Die Frauen ergriffen ihre Liebhaber an den Armen und sprachen: »Komm, mein Mann, weil du meinen Körper erregt hast.«
KULURBA brachte den Männern aber auch eine Art natürliche Schwangerschaftsverhütung bei. Er konnte nämlich Lieder singen, um die Monatsblutungen plötzlich zu stillen, so daß er in dieser unfruchtbaren Zeit mit seinen Frauen verkehren konnte. Dabei sang er:
»Der Unterleib ist geschlossen.
Ja, der fruchtbare Leib und der Nabel sind zu.«

Die Arandas glaubten, daß die Kinder durch den Nabel in den Mutterleib gelangten, wenn der Urvater seine lebensspendenden Keime aussendete, wobei er ein Schwirrholz gegen eine verheiratete Frau warf, das durch ihren Nabel eindrang und sie befruchtete. Sobald die Frau einen Schmerz empfand, wußte sie, daß sie schwanger war.

Die gleichen Verse sangen auch die verheirateten Männer, um die Monatsblutungen ihrer Frauen zum Stillstand zu bringen. Während seine Frau schlief, sang der Ehemann sein Lied und berührte zärtlich ihren Nabel, wodurch sich ihr Unterleib verschloß. Auf diese Weise konnte er mit seiner Frau verkehren, ohne daß Kinder gezeugt wurden.

Malbanka besingt die Schönheit der Landschaft und die Liebe der Frauen

Wenn man die Freude der Arandas ermessen will, die von den heiligen Gesängen ausströmt, muß man auch die Schönheit der Landschaft Zentralaustraliens mit in Betracht ziehen. Jeder Sonnenaufgang verwandelt die Felsen und Flüsse in glänzendes Gold, und jeder Sonnenuntergang taucht die australische Landschaft in ein unvergeßliches Licht aller Regenbogenfarben, das tiefen Frieden und Schönheit ausstrahlt. Man kann daher leicht verstehen, warum die Arandas glaubten, daß in Zentralaustralien von Anfang der Zeit an die Wiege der Menschheit gestanden hatte.

Pmara Kutata – das göttliche Zentrum mit spirituellen Kräften.
Die australischen Ureinwohner glauben, daß die Menschen, um zu leben, eine spirituelle Bindung zu ihrer Heimat aufnehmen müssen. Gebirge und Flüsse, Quellen und Wasserlöcher sind nicht nur wunderbare Landschaften, sondern das Werk ihrer göttlichen Urväter, von denen sie selber abstammen. In diese Landschaft sehen sie die alten Geschichten und Taten ihrer unsterblichen Helden eingeschrieben, von denen sie in ihren Zeremonien singen und erzählen. Die ganze Landschaft ist sein eigener lebendiger Familienstammbaum. Bei diesen göttlichen Schöpfungsabenteuern hat der Mensch selbst teilgenommen, weil er sich als gegenwärtige Wiedergeburt seiner ursprünglichen Vorväter betrachtet. Daher fühlt sich auch jeder Ureinwohner mit jeder Faser seines Wesens mit seiner Heimat verbunden. Mit Liebe und Bewunderung spricht er von seinem Geburtsort. In den Versen, mit denen er seine Heimat besingt, finden seine Empfindungen und Gefühle ihren tiefsten Ausdruck. Diese Heimat ist für sie das höchste geistige und spirituelle Zentrum.
»Ich habe stets die künstlerische Empfindsamkeit unserer Ureinwohner bewundert, wie sie ihre Mythen und Gesänge so intim mit ihrer Heimat verknüpft haben, so daß besungene Landschaften entstehen, die durch musikalische Pilgerpfade oder Songlines verbunden sind.«
Theodor Strehlow in *Songs of Central Australia*.

Gebirge, Flüsse und Quellen sind das Werk der göttlichen Urväter.

Gebirge, Flüsse und Quellen sind für die Arandas nicht nur interessante Sehenswürdigkeiten und Ausflugsziele, sondern das Werk ihrer Urväter, von denen sie selbst abstammen. In der Landschaft sehen sie die Handschrift ihrer eigenen alten Abstammung, das Leben und Treiben der unsterblichen Urväter, die diese Landschaft mit ihren Gesängen, Mythen und Zeremonien durchwandert haben. Diese Urväter, obwohl sie für ewig schlafen, leben in ihnen für immer weiter, da sie als Kinderkeime in die Menschen hineinschlüpfen, um immer wieder neu geboren zu werden.

Der Aranda sieht in seiner Heimat die alten Geschichten des Lebens und der Heldentaten seiner unsterblichen Urväter, die er verehrt und die er durch seine Väter und Großväter, Mütter und Großmütter kennengelernt hat. Die ganze Landschaft ist sein eigener Familienstammbaum. Mit größter Begeisterung spricht er auch von seinem Geburtsort. Tränen treten ihm in die Augen, wenn er sich an seine Heimat erinnert. Heimatliebe ist auch das ewige Thema der Lieder seiner Urväter.

MALBANKA, der große Zeremonienchef der Wilden Katzen, verließ mit seiner Gruppe seine alte Heimat im Südwesten, um nach Norden aufzubrechen. Sie wanderten durchs Gebirge und ahnten, daß sie beim Durchtritt durch die Felsenschlucht ihren alten Lagerplatz Ljaba nicht mehr sehen konnten. Tränen traten in ihre Augen, und sie sangen:

>> *Umschlungen von Ebenen liegt Ljaba,*
Hinter dem fernen Horizont liegt Ljaba,
Umschlungen von Ebenen liegt Ljaba,
Versteckt durch aufsteigenden einhüllenden Nebel. <<

Heimweh ergriff MALBANKA, der klagte, wie viele Meilen er noch von seiner Heimat im Norden entfernt war. Er wünschte, in seine Heimat zurückzukehren, und sang: »Hoch am Himmel scheint die Nachmittagssonne.« Sein Herz war mit Sehnsucht nach seiner Heimat gefüllt. Sein Körper strahlte im warmen Sonnenlicht. Er sah seine Heimat in der Ferne:

>> *Mein altes Zuhaus', meine liebe Heimat, o Inna pappa.* <<

Er hörte das Gezwitscher der Vögel und sah die Nähe der Gebirge:

Die uralten Grasbäume erinnern an die überlebenden Novizen in der
Schöpfungszeit, die sich nach Vorstellung der Arandas nach einem
Buschfeuer in Grasbäume verwandelten.

> *Die Vögel singen mit vielen Stimmen bei Inna pappa.*
> *Mein altes Zuhause, meine alte Heimat,*
> *wann werde ich dich wiedersehen?«*

MALBANKA war ein wandernder Urvater, ein singender Troubadour, der
von seinem Vater KULURBA auch den Liebeszauber und die Liebesge-
sänge gelernt hatte. Sein Gesang übte auf die Frauen einen gewaltigen
Liebeszauber aus und weckte in ihnen alle Leidenschaften. Doch er ließ
sie trauernd zurück, nachdem er selber mit seinen Söhnen seine Leidenschaften ausgekostet hatte. Seine Liebesverse zeigen deutlich, daß auch

so eine alte, geordnete Naturgesellschaft wie die der Arandas, die auf Treue und Ehe gegründet war, Liebesabenteuer und Seitensprünge zuließ. Obwohl offiziell verboten, konnten Leidenschaften und Gefühle zwischen Mann und Frau, die mit anderen Partnern verheiratet waren, auch nach dem Stammesrecht vorkommen.

Bei seiner Wanderung nach Norden wurde MALBANKA von zwei seiner Frauen und einer großen Schar seiner Söhne begleitet. Um die großen Entfernungen durch Zentralaustralien zu überwinden, steckte er seine Söhne einfach in eine aus Känguruhfell gefertigte Tasche und nahm sie unter den linken Arm, während er seine beiden Frauen in einer Tasche unter dem rechten Arm trug. Er legte seine TNATANTJA, das sind die zusammengewickelten Speere, über die Schulter und wanderte nach Norden.

Er kam zu vielen Loritja- und Aranda-Völkern und feierte an allen Orten seine Zeremonien. Er zeigte den Völkern die Initiationsriten, und seine Söhne schickte er immer wieder auf die Jagd. Viele befreundete Völker wurden so von MALBANKA eingehend in die Initiation und die Zeremonien eingeweiht. Eine seiner Zeremonien konnte manchmal sechs Monate dauern, und es waren mehrere hundert Männer daran beteiligt. Niemand durfte vor Ende der Zeremonie abreisen, und die Frauen und Kinder mußten die Männer mit Essen und Trinken versorgen.

So wanderte MALBANKA den Finke-Fluß stromaufwärts durchs Kriechaufgebirge, stieg auf hohe Berge und setzte sich auf die Felsblöcke. Wenn er Jagdbeute erblickte, öffnete er seine Tasche und ließ seine Söhne heraus, die, mit Stöcken bewaffnet, die Tiere erschlugen. Sie mußten ihre Beute zu MALBANKA bringen, der sie am Lagerfeuer zubereitete und mit seiner Gruppe gemeinsam verspeiste. Nachdem MALBANKA seine Zeremonien, die er täglich aufführte, beendet hatte, vertrieb er auch die bösen Geister, um sich dann mit seiner Gruppe am Lagerfeuer zum Schlaf niederzulassen. MALBANKA gründete selbst das Totem der Wilden Katzen. Seine heilige Zeremonie gehört zu den religiösen Höhepunkten der Ureinwohner und wird im ersten Kapitel des III. Teils beschrieben.

III.

Der Schöpfungstanz der
Tiere und Elemente

»Gott hat die Welt zum Ruhme seines Namens aus ihren
Elementen zusammengesetzt, mit den Winden verstärkt,
mit den Sternen verbunden und erleuchtet
und mit den übrigen Geschöpfen ausgefüllt …
Die ganze Natur soll dem Menschen dienen,
so daß er mit ihr wirke, weil der Mensch
ohne die Natur weder leben noch bestehen kann.«

(Hildegard von Bingen)

Ein Honigameisen-Urvater trägt während der Zeremonie bei den
West-Arandas einen doppelten Wanaga-Kopfschmuck. Die Wanaga-Figur
symbolisiert die Seele, die vier Ecken symbolisieren die vier Elemente.

Die Kulthandlungen der Arandas

Die heiligen Zeremonien, die den größten Teil der Lebenszeit der Schwarzen Australier ausfüllten, waren kraftvolle Ausdrucksmöglichkeiten des Schöpfungsaktes und der Fruchtbarkeit. Jeder Stamm hatte ein spezielles Totemgeschöpf, für dessen Erhalt und Fortbestand er sich verantwortlich fühlte. Zur Fruchtbarkeitszeremonie gehörte auch die persönliche Anwesenheit des göttlichen Urvaters und der »Großen Mutter Erde«, symbolisch vertreten durch den Zeremonienpfahl und das kreisrunde Erdbild. Die Identifikation mit den göttlichen Urvätern und das Feiern der Schöpfung in den Geschöpfen gab den Ureinwohnern das Gefühl gegenseitiger Verbundenheit und Wertschätzung.

Vor dem Hintergrund der australischen Landschaft bot sich während der Zeremonien im Schein des Lagerfeuers ein grandioses Schauspiel, das mit den künstlerischen Leistungen unserer Theater- und Opernwelt verglichen werden kann. Die Dramaturgie und Choreographie, bei denen die Australier die charakteristischen Bewegungen und Laute ihrer Tierwelt nachahmten, zeigen den großen Reichtum und die ganze Skala menschlicher Gefühle und Leidenschaften, die auch mit humoristischen Ereignissen aus dem Leben ihrer Vorväter verknüpft wurden. Durch die Zeremonien wurde die Gegenwart der göttlichen Urväter herbeigerufen, weil sich die Schauspieler selbst durch den angelegten Schmuck in die Urväter verwandelten.

Der Kult der »Wilden Katzen«

Die Teilnahme an einer Zeremonie bedeutete für die Ureinwohner nicht nur Freude an Gesang und Tanz, sondern war gleichzeitig auch eine große Kraftquelle für ihre geistige und körperliche Gesundheit.

Nachdem die Ureinwohner durch strenge Initiationsrituale mit
allen Höhen und Tiefen des Lebens vertraut gemacht worden waren,
Leid und Schmerz am eigenen Leib durchlebt und als Dank dafür ihre
Schöpferreligion kennengelernt hatten, waren sie reif für eine
»Wüstenehe«.

Die Kräfte, die vom Kult ausgingen, übertrugen sich zugleich auf alle
Anwesenden und wirkten im Alltag weiter. Besonders die Feier der
Zeremonie des Stammes der »Wilden Katzen«, bei der der große und
berühmte MALBANKA-Häuptling selbst mitwirkte, war ein Höhepunkt
im zeremoniellen Leben.

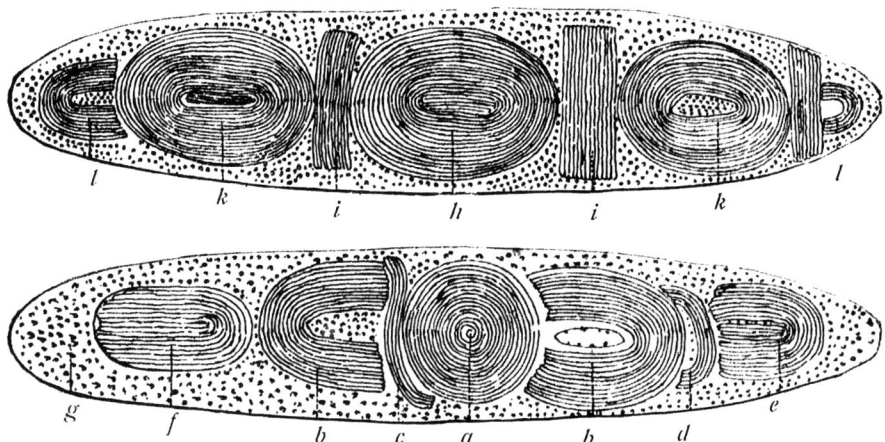

Tjilpa-Tjurunga vom Platze Lalbunkura. Tjilpa ist die wilde Katze
(Dasyurus spec.).
Eine Holz-Tjurunga: a: Platz, wo ein Tjilpa-Mann seine Tnatantja
aufgerichtet hat; b: zwei auf dem Boden neben der Tnatantja sitzende
Tjilpa-Männer; c und d: auf dem Boden liegende Tjurunga; e: ein
Tjilpa-Mann in sitzender Stellung; f: der Schlafplatz der Tjilpa-
Männer; g: die Fußspuren der jungen Tjilpa-Männer, die um die
Tnatantja herumgelaufen sind; h: die Rückenzeichnung eines Tjilpa-
Mannes; i: die quer darauf gemalten Streifen; k: Lagerplatz der beiden
Tjilpa-Männer; l: ein auf dem Boden sitzen-der Tjilpa-Mann, auf
seinen Schenkeln den Takt schlagend.

Während der Zeremonie wird die TJILPA-TJURUNGA des »Wilden
Katzen«-Kultes herumgereicht. Die Kreise, Linien und Striche auf
dieser TJURUNGA erzählen die ganze TJILPA-Zeremonie und geben die
genauen Kraftorte an, an denen Zeremonien stattgefunden haben. Es
werden sogar die Körperzeichnungen, Schlafplätze und die Tanz-
rhythmen durch die Linienführung dargestellt.

MALBANKA war als reisender Troubadour mit seinen Novizen unterwegs, um mit seinen Liebesliedern die Herzen der Frauen zu erobern.
Mit seinem Pilgerstab, der TNATANTJA, konnte er so manche Wunder
vollbringen, Treibjagden nach Bergkänguruhs veranstalten, Hinder-
nisse aus dem Weg räumen und – wie im »Sesam öffne dich« – Wege
durch unwegsame Gebirge sprengen. Von diesen und anderen Aben-

teuern berichtet die nachfolgende Zeremonie des Häuptlings der
»Wilden Katzen«:

Nachdem MALBANKA mit seinem Gefolge am Lagerfeuer gegessen
hatte, befahl der große Häuptling den jungen Männern, sich vom
Lagerplatz zu entfernen. Als MALBANKA allein war, bemalte er sein
Gesicht und seinen Oberkörper mit Kohle, beklebte sich mit
Vogeldaunen und rief seine Novizen herbei, indem er seine hohle Hand
vor den Mund hielt und weit hörbare vibrierende Laute erzeugte (»rai
an kama«). Als die jungen Männer diese Laute hörten, kamen sie auf
ihn zugelaufen. Während MALBANKA, auf dem Boden sitzend, seinen
Körper in zitternde Bewegung versetzte, liefen seine Novizen im Kreis
um ihn herum, wobei sie im Takt die Laute »wa, wa, wa,« »jai, jai, jai«
und »trrrr« ausstießen.

Der folgende Kult schildert die Rückkehr MALBANKAS zu seinem
Vater KULURBA nach Norden. Der Häuptling faßte den Entschluß, mit
seiner Schar Wilder-Katzen-Novizen heimzuwandern. Auf ihrer Wanderung stiegen sie einen Felsenpfad hinauf und erschlugen dort viele
Felsenwallabys, während MALBANKA selbst weiterwanderte. In der
Nähe des Mount Sonder wurden die wandernden Männer von heim-
kehrenden Moskitos geplagt. Die Schar der Wilden Katzen überschritt
den Berg und wanderte nach Norden weiter, wobei MALBANKA, hinter
seiner Schar herlaufend, seine lange TNATANTJA schwang. Die im
Gänsemarsch dahinziehenden Wilden Katzen wurden vom großen
Häuptling NGAIAMERIA verfolgt.

Am Ende der Zeremonie hielten die jungen Männer MALBANKA an
den Schultern fest und streiften ihm seinen TJURUNGA-Schmuck ab.
MALBANKA erhob sich, steckte alle jungen Männer in seine Känguruh-
Tasche und seine Frauen in die andere Tasche unter den rechten Arm
und wanderte weiter nach Norden.

1. »›Ich, MALBANKA, *wandere weiter,*
   Ich, der Häuptling, wandere weiter.‹
2. ›*Wir alle kehren heim,*
   Wir alle stoßen einander an.‹
3. *Der Häuptling und die jungen Männer*
   Wollen sehr weit wandern.
4. *Auf den Gebirgsrücken veranstalten sie eine Treibjagd,*
   Die Männer von Inna pappa veranstalten eine Treibjagd.

5. ›*Wir insgesamt wollen (die Wallabys) in die Seite werfen,*
Wir insgesamt wollen (die Wallabys mit Stöcken) auf die Nase werfen.‹

6. *Der Häuptling auf dem Gebirg!*
Auf dem Gebirge geht er weiter.

7. ›*Wir Moskitos alle*
Wir kehren (ebenfalls) in die Heimat zurück.‹

8. ›*Auf festem, überhängenden Felsen wandere ich weiter,*
Ich, der Häuptling, wandere weiter.‹

9. ›*Wir gehen weiter,*
Wir wandern schnell weiter.‹

10. *Eilenden Schrittes geht es weiter,*
Der Häuptling geht eilenden Schrittes weiter.

11. *Die lange* TNATANTJA
Bewegt er (hüpfend) auf und nieder.

12. *Der Häuptling sieht die jungen Männer,*
Fußspuren vor sich.

13. *Den After schnell bewegend laufen sie heim,*
Die von kleiner Statur kehren schnell laufend heim.

14. *Hinter ihnen läuft er her,*
Hinter ihnen läuft NGAIAMERIA *her.*«

Auf der Weiterreise kam er an ein Flüßchen, das er durchschritt, während er seine Novizen aussandte, um Wallabys zu jagen. Nachdem er das Flüßchen durchquert hatte, kam er nach Ltalultuma von den Gilbert Springs, wo er viele Frauen auskundschaftete. Dann kehrte er zu den jungen Männern zurück, ohne seine Begegnung mit den Frauen zu erwähnen. Gegen Abend jedoch steckte er seine Novizen in seine Tasche und ging nach Ltalultuma zurück, wo er die jungen Männer in der Nähe der Frauen aus seiner Tasche holte. Diese wunderten sich sehr über die vielen schönen Männer. Als jede Frau auf seinen Befehl ein besonderes Lagerfeuer angezündet hatte, gab er den jungen Männern die Erlaubnis, sich jeweils eine Frau zu nehmen, während er es als sein Häuptlingsrecht ansah, drei Frauen in sein Lager kommen zu lassen, um mit ihnen seine Liebesabenteuer auszukosten. Mitten in der Nacht jedoch erhob er sich, steckte, während die Frauen fest schliefen, alle seine Novizen wieder in seine Tasche und wanderte weiter. Als die Frauen am Morgen erwachten, waren sie erstaunt, daß die jungen Männer verschwunden waren, ohne Fußspuren hinterlassen zu haben.

Als MALBANKA seine Wanderung nach Norden fortsetzte, kam er in die Nähe eines großen Flusses, wo er die schrillen Töne einer großen Zikadenart vernahm. Seine Novizen sammelten sehr viele Zikaden und brieten sie auf Kohlen. An diesem Ort vollzog er seine Initiationszeremonien an einigen jungen Burschen und schmückte sie mit einer Schambedeckung: Wallaby-Schwänzen und bunten Schnüren. Er steckte ihnen auch Büsche ins Haar und wanderte weiter. Bald sah er Scharen von grünen Papageien mit einem gelben Halsband, die bei seiner Annäherung in großem Geschrei aufflogen, worauf er sagte: »Die Vögel schelten mich.«

Nach kurzer Wanderung gelangte er auf den höchsten Berg des MacDonnell-Gebirges, den Mount Sonder, den er nicht besteigen konnte. Er ergriff deshalb seine TNATANTJA und stieß mit ihr in den Felsen. Darauf öffnete sich vor ihm ein Bergpfad, der ihn nach oben führte. Nach mehreren Tagen und Nächten wanderte er weiter nach Norden und kam nach Kulanerra. Hier stieg er auf einem engen Pfad zwischen den Felsen hinauf, um an einem Wasserloch seinen Durst zu löschen. Durch den reichlichen Genuß des Wassers hatte sein Leib einen solchen Umfang angenommen, daß er zwischen den Felsen eingezwängt war und sich nicht von der Stelle bewegen konnte. Auf sein Jammergeschrei hin eilten die jungen Männer herbei und versuchten, ihn herauszuziehen. Als ihre Bemühungen vergeblich waren, holten sie seine TNATANTJA herbei, mit deren Hilfe sie die Felsspalte erweiterten und ihn aus seiner hilflosen Lage befreiten.

Sie wanderten weiter und kamen an einen großen Fluß namens Tnenjara, wo sie viele Beeren aßen. Am nächsten Tag kamen sie nach Arekua, wo sich ein weiterer Fluß befand. Mitten in der Nacht hörten sie plötzlich das Schwirren einer TJURUNGA, die in der Heimat MALBANKAS geschwungen wurde. Früh am Morgen machten sie sich auf und kamen nach Inna pappa, wo sein Vater KULURBA ihn schon erwartete. Er hatte seinen Körper geschmückt und saß vor dem Eingang einer Höhle, wo er fortwährend die vibrierenden Laute erschallen ließ. Schnell lief MALBANKA mit seiner Schar auf seinen Vater zu, wobei er die Hände zu den aufstoßenden Lauten »wa, wa, wa«, »jai, jai, jai«, »trrr« im Takt auf und nieder bewegte.

MALBANKA, müde von der langen Wanderung, steckte seine

TNATANTJA in den Boden vor dem Eingang der Felshöhle und schickte sodann seine Frau und die jungen Männer in die Höhle hinein, wo sie sich erschöpft auf den Boden warfen. In ihrer Mitte sank auch MALBANKA ermüdet zu Boden. Als sich zudem der alte KULURBA auf die Liegenden sowie dessen Frau warf, wurden sie alle in TJURUNGAS verwandelt. MALBANKA und dessen Vater und Mutter verwandelten sich in Stein-TJURUNGAS und die Novizen in Holz-TJURUNGAS. Diese Szene besingt das TJURUNGA-Lied:

> »In einer Reihe liegen sie am Boden.
> Mit den weißen Stirnbändern liegen sie am Boden.«

Der Ort Inna pappa, an dem diese Verwandlung geschah, liegt westlich von der Überland-Telegrafenstation Barrocreek und ist dort ein großes »Wilde-Katzen«-Totemzentrum geworden.

Der Känguruh-Kult – eine Fruchtbarkeitszeremonie

Die Känguruhs sind von größter Bedeutung für das Überleben der Ureinwohner, da sie das wichtigste Lebensmittel darstellen. Mit dem Fett der Känguruhs mußten sie ihre Ernährung ausgleichen, weil sie weder Milchprodukte noch Pflanzenöle kannten. Die wilden Tiere Australiens lassen sich genausowenig zu Haustieren zähmen, wie man die Wildpflanzen ackerbaumäßig anpflanzen kann. In Normalzeiten gab es Früchte und Tiere in Hülle und Fülle, aber in Zeiten der Trockenheit waren Unterernährung und Hunger unausweichlich, da die Schwarzen Australier keine Vorräte hielten.

Wie andere Naturvölker, so haben auch die Zentralaustralier heilige Rituale aufgeführt, um für die Sicherheit der Nahrungsmittel zu sorgen. Die Ureinwohner bedienten sich magischer Fruchtbarkeitsrituale, um in der Wüste zu überleben. Sie waren ja Nomaden, bekannt als »Walkabouts«; mindestens einmal im Jahr überkam sie die Wanderlust, um ihre Zeremonien aufzuführen und nach neuen Jagdgründen und Pflanzen zu suchen.

Die Känguruh-Zeremonie repräsentiert das göttliche Spiel des Känguruhs, wobei sowohl das Fettmachen der Tiere bedeutsam ist als auch ihr Begattungsakt nachgespielt wird. Die Schauspieler imitieren

die Känguruhs und behaupten, daß die jungen Tiere noch heute im
Spiel den alten Känguruhs, die sich hintereinander aufgestellt haben,
durch die gespreizten Beine hindurchlaufen. Einige Eingeborenen
wollen dieses Spiel sogar schon selbst beobachtet haben.

Bevor der Känguruh-Kult aufgeführt wird, werden ein älterer
Schauspieler, der den KRANTJIRINJA, den Känguruh-Urvater, repräsentiert, und mehrere jüngere Darsteller auf folgende Weise geschmückt:
Ihr Oberkörper wird mit rotem Ocker eingerieben; über ihre Nase
wird ein roter Strich gezogen, zu dessen beiden Seiten eine Reihe von
Vogeldaunen angebracht werden. Der Urvater selbst sitzt auf einem
runden Erdbild, das den Geburtsort des Urvaters darstellt. In der Mitte
befindet sich ein Loch, in dem weiße Adlerfedern sind und das Ader-
laßblut gesammelt wird. Die Federn symbolisieren die Urmutter des
Känguruhs, in der die Fruchtbarkeitszeremonie vollzogen werden soll.
Die Darsteller singen folgendes Lied:

> *»Gelobt seist du,* KRANTJIRINJA, *Mutter aller Menschen.*
> *Sei fruchtbar in ewiger Umarmung.*
> *Du gibst Frucht und Speise den Menschen!«*

Auf seinem Kopf trägt der Urvater zwei gekreuzte runde Stangen, 60
Zentimeter lang und 12 Zentimeter dick, die mit roten und weißen
Adlerfedern geschmückt sind. Nichteingeweihten wird erklärt, daß es
sich hier um den Känguruh-Schwanz handelt. Die Alten wissen jedoch,
daß es den Penis des Känguruh-Urvaters symbolisieren soll. Nachdem
alle geschmückt sind, verstecken sich die Darsteller an verschiedenen,
in der Nähe des Aufführungsplatzes gelegenen Orten. Während sich
die älteren Männer in einer Reihe auf dem Boden niederlassen, stößt
der Zeremonienmeister den lang anhaltenden Ruf »rai an kama« aus,
worauf die jungen Männer schnell herbeikommen, im Kreis um den
Känguruh-Darsteller herumlaufen und mit im Takt ausgestoßenen
Lauten »wa, wa, wa«, »jai, jai, jai« usw. singen. Plötzlich erhebt sich
der Känguruh-Vater und nimmt die Stellung eines Känguruhs ein, das
Pflanzen abbeißt und frißt. Dann hüpft er wie ein Känguruh davon, auf
die Gruppe der älteren Männer zu, die unterdessen ohne Unterbrechen
die TJURUNGA-Lieder singen.

Der Känguruh-Urvater trägt zwei gekreuzte runde Stangen, die mit Adlerfedern geschmückt sind, auf seinem Kopf. In seiner Hand hält er den Känguruhschwanz.

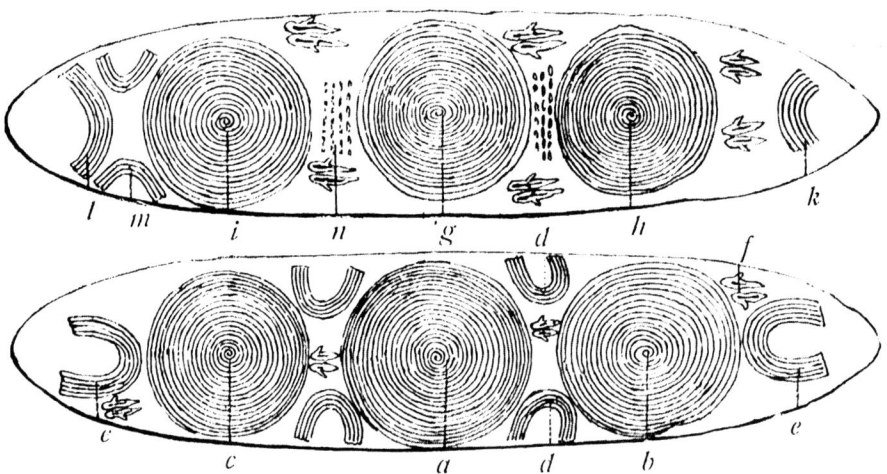

Die Ara-Tjurunga stammt von dem Platz Ulamba. Ara ist das große
Känguruh.
Eine Holz-Tjurunga: a: der Bauch; b: das Darmfett; c: das Nierenfett
des Känguruhs; d: das Känguruh in gebückter Stellung; e: das
Känguruh in liegender Stellung; f: Fußabdrücke des Känguruhs;
g: die Zeichen, die das Känguruh auf dem Rücken gehabt hat, weshalb
sich der Darsteller bei den Aufführungen des Känguruh-Totems solche
Zeichen aufmalen läßt; h: ebensolche Zeichen auf der Schulter;
i: Zeichen auf dem Kreuzbein; k: Zeichen auf dem Genick;
l: Zeichen über das Kreuz; m: das Känguruh in gebückter Stellung;
n: die Fußspuren.

Der TJURUNGA-*Gesang des Känguruhs*

Zuerst ertönt eine Beschreibung des Känguruh-Urvaters. Er hat eine
hohe weiße Stirn und ein hervortretendes Rückgrat. Er kommt aus dem
Dickicht hervor und frißt die rankenden Tnelja-Pflanzen, wobei er ein
schmatzendes Geräusch hervorbringt und, von Pflanze zu Pflanze
hüpfend, Schwanzeindrücke auf dem Boden hinterläßt. Ein Känguruh
verursacht nur an den Plätzen, an denen es gefressen hat, mit seinem
Schwanz Eindrücke im Boden, nicht jedoch beim Springen, wie oft
angenommen wird.
    Die nachfolgenden Verse handeln von der Wirkung des Kultes, um
die Känguruhs fett zu machen. Das Fett, das der Häuptling auf eine

Die Känguruh-Zeremonie repräsentiert das göttliche Spiel und zeigt
sowohl das Fettmachen des Känguruhs als auch seinen Begattungsakt. Die jungen Tänzer stellen sich in der Art des Spießrutenlaufens
auf und halten Gummibaumzweige in den Händen. Einer steht hinter
dem anderen mit gespreizten Beinen und bringt seinen Körper in
zitternde Bewegung. Der letzte Tänzer läuft gebückt von hinten durch
die gespreizten Beine der stehenden Tänzer, wobei ihn jeder der Reihe
nach mit seinen Gummibaumzweigen schlägt.

Zweigunterlage gelegt hat, verbindet sich auf magische Weise mit dem
Fett des Känguruhs, so daß die fetten Tiere geräuschvoll über die Fels-
platten laufen und die ausgeweideten Känguruhs in den Lager-
plätzen viel Fett aufweisen. Am Wasserloch stellen sich die graublauen
Känguruhs hintereinander mit weit gespreizten Beinen auf, worauf die
jungen Känguruhs spielend den Alten durch die Beine hindurchlaufen.
Die jungen geschmückten Darsteller stellen sich in der Art eines
Spießrutenlaufens auf und halten Gummizweige in den Händen. Einer
steht hinter dem anderen mit gespreizten Beinen und bringt seinen
Körper in zitternde Bewegung. Hierauf kommt ein junger, ebenfalls

geschmückter Mann und läuft gebückt den in der Reihe stehenden Tänzern durch die gespreizten Beine hindurch, wobei ihn jeder der Reihe nach mit seinem Gummizweig schlägt. Nachdem er hindurchgelaufen ist, muß er auf demselben Weg in der gleichen Weise wieder zurückkehren. Wenn diese Zeremonie einige Male ausgeführt worden ist, wird der junge Mann von einem jüngeren Darsteller an seinen Schenkeln festgehalten, ein Zeichen, daß alle geschmückten Tänzer sich bei den alten Männern niederwerfen.

Die Zeremonie repräsentiert ein Spiel, das die göttlichen Känguruhs in der Urzeit aufgeführt haben. Ihr genauer Ablauf wird durch Linien und Kreise auf der Känguruh-TJURUNGA beschrieben:

1. *»Er hat eine lange (Stirn), er hat eine weiße Stirne.*
2. *Der Schlanke kommt her,*
   Der mit dem hervorstehenden Rückgrat kommt her.
3. *Mitten im Dickicht*
   Hält er sich ganz allein auf.
4. *Wenn er Tnelja-Pflanzen*
   Frißt, so schmatzt er.
5. *Der mit dem weißen Schnurrbart*
   Schmatzt beim Fressen.
6. *Wo er Eindrücke mit dem Schwanz macht,*
   Wo er Eindrücke mit dem Schwanz macht,
   Da schmatzt er beim Fressen.
7. *Mit dem Netzfett wächst es zusammen,*
   Das auf der Zweigunterlage aufbewahrte
   Fett wächst (mit dem Nierenfett der lebenden Känguruhs)
   zusammen.
8. *Auf der Felsplatte klappern (die Füße der Känguruhs),*
   Im Lagerplatz liegt (das Känguruh mit dem) Darmfett.
9. *Wenn sie (die Känguruhs) getrunken haben,*
   Laufen die graublauen Känguruhs (den alten) hin und zurück
   (durch die Beine).«

Eine weitere Begattungszeremonie beschreibt, wie der Urvater der Känguruhs, auf seinen Ellbogen gelehnt, im Zustand des Schlafes verweilt. In der Nähe sitzen die alten Männer des Känguruh-Clans und schlagen mit ihren Bumerangs den Takt auf dem Boden. Langsam erwacht der Urvater zum Leben und setzt seine Hände auf den Boden, um seinen Körper wie ein hüpfendes Känguruh hindurchzuschwingen. Er hüpft zum Erdbild und niest, wie Känguruhs niesen. Die allergeheimsten Känguruh-Verse besingen nun den Beischlaf des Urvaters KANTJAJUNGA mit seiner Tante TJAKALAKA. Diese Verse konnten nur die Ältesten wissen.

Bei dieser Befruchtungszeremonie nimmt der Urvater den Kopfschmuck ab, um den symbolischen Phallus in das Erdbild zu stecken. Die große Mutter der Känguruhs sollte nun unendlich viele Känguruhs produzieren, wie sie es schon von Anfang der Zeit an getan hat. Zum Schluß wird auch der Zeremonienpfahl in das Loch des Erdbildes gestellt, um die Samen zu befruchten. Bei den nächsten schweren Regenfällen wird die große Känguruh-Mutter in Hülle und Fülle Känguruhs gebären. Auf diese Weise wußten die Ureinwohner, daß nach der Trockenheit auch das Leben wieder beginnen würde.

Der Fledermaus-Kult

Fledermäuse sind nahezu blind und orientieren sich mit einem raffinierten Ultraschallsystem in der finsteren Nacht. Tagsüber schlafen sie, an den Füßen hängend, scharenweise in den Bäumen, und nachts entfalten sie ihre Raubzüge auf alles, was kreucht und fleucht. Viele haben Angst vor dem Sturzflug der Fledermäuse, bei dem die Tiere einen pfeifenden Ton von sich geben und im Fell oder in den Haaren ihrer Opfer hängenbleiben.

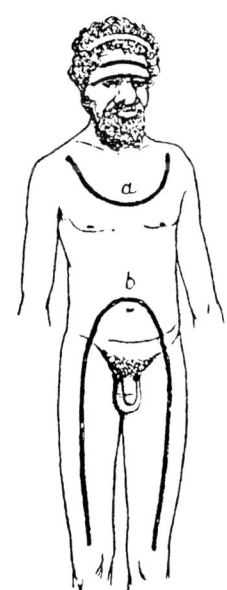

Bei den Ureinwohnern ist der Fledermaus-Kult mit dem Rachefeldzug verbunden. Dabei schmükken sich die Schauspieler mit Grasbüscheln in den Haaren und an beiden Händen, ziehen sich schwarze Streifen über Augen und Stirn sowie von Schulter zu Schulter (a) und vom Bauchnabel bis zu den Knien (b). Dann ahmen alle Darsteller nicht nur graziös den Sturzflug der Fledermäuse nach, sondern auch den kurzen, pfeifenden Laut,

Der Urvater der Fledermäuse.
Maskiert mit einem symbolisierten toten Feind auf dem Kopf tanzt
der Urvater den Fledermaus-Tanz.

Die jungen Fledermaus-Tänzer versetzen ihre Beine in zitternde
Bewegungen, um den Flug der Fledermäuse nachzuahmen.

mit dem sie sich auf ihre Opfer stürzen, um ihre Blutrache auszuüben.
Hüpfend wie Fledermäuse auf dem Boden nähern sie sich dem feindlichen Lagerplatz und erschlagen alle ihre Feinde. Wie im Märchen vom
»Wolf und den sieben Geißlein« bleibt ein Lagerbewohner übrig, weil
er sich rechtzeitig im Gebüsch verstecken konnte. Während die alten
Männer mit Steinen an die Felsenwände den Rhythmus schlagen,
singen die Schauspieler den Zeremoniengesang der Fledermäuse.

1. »›Wir Fledermaus-Männer wollen in Scharen herausfliegen,
   Aus dem niederhängenden (Ast) wollen wir in Scharen herausfliegen.
2. Aus dem nach unten gebogenen (Ast) wollen wir in Scharen
   herausfliegen,
   ˙Aus dem hohlen Ast wollen wir in Scharen herausfliegen.‹
3. Hüpfend liefen sie (an den feindlichen Lagerplatz) heran,
   Alles traten sie im Laufen nieder.
4. Der Anführer der Bluträcher lief hüpfend heran,
   Der sehr zornige (Anführer).
5. Die Fledermaus-Männer gingen in geschlossener Linie vor,
   Über Sandhügel gingen sie in geschlossener Linie vor.
6. Die weißen Fledermaus-Männer liefen hüpfend heran,
   (Die Feinde) umzingelnd liefen sie hüpfend heran.
7. Erschlagen (liegen die Feinde da),
   Die Gefallenen bedecken den Boden.
8. Die geschmückten (Bluträcher) streifen sich den Schmuck ab,
   Die geschmückten Bluträcher streifen sich den Schmuck ab.
9. Hinter (dem Lalba-Busch stehend) biegt er (die Zweige)
   auseinander,
   Die Lalba-Äste biegt er auseinander.
10. Aus dem Versteck hervorspähend sieht er zu,
    Mit vorgestreckter Stirne sieht er zu.«

Zum Schluß steht der Zeremonienmeister auf und legt einen langen
Speer auf das Genick der Schauspieler. Zeremoniales Essen findet nicht
statt; das Totemtier wird wie gewöhnlich freigegeben. Die Darsteller
essen dabei etwas Fledermausfleisch.

Der Emu-Kult – die Göttin KAIALA

Wie der afrikanische Strauß ist der australische Emu, sein »kleiner Bruder«, auch ein Laufvogel. Die Emu-Mutter legt ein bis zwei kindskopfgroße Eier, die vom Emu-Vater ausgebrütet werden. Bewegung und Lebensgewohnheiten der Emus werden von den Ureinwohnern in der Emu-Zeremonie genau nachgeahmt.

Am Anfang der Zeit waren alle Emus blind, so daß man sie leicht jagen konnte. Damals lebten im fernen Südwesten zwei schöne starke Männer mit ihrer blinden Tante, der Göttin KAIALA, d.h. die »Einsame«.

Die beiden Männer gingen jeden Tag jagen, erschlugen viele Emus und kamen abends mit ihrer Beute wieder nach Hause zurück. Sie brieten die Emus am Feuer, aßen die besten und saftigsten Stücke und gaben ihrer blinden Tante zwar genügend Fleisch, doch nur wenig Fett. Eines Tages verspäteten sie sich auf der Jagd und kamen erst nach Einbruch der Nacht wieder heim. Aus Versehen gaben sie der blinden Göttin einen weiblichen Emu, der sehr fett war. Nachdem die Göttin das Fleisch verzehrt hatte, entfernte sie sich vom Lagerplatz, kam aber bald wieder zurück, weil sie sich einen Ast ins Auge gestoßen hatte, so daß viele Tränen aus ihrem Auge flossen.

Sie salbte deshalb ihre Augen mit viel Fett und wurde sehend. Als sie nun den fetten Emu am Lagerplatz erblickte, sprach sie vorwurfsvoll zu den beiden Männern: »Ihr habt mir immer die fetten Emus vorenthalten. Deshalb sollen von nun an alle Emus sehend werden.«

Mit diesen Worten ergriff sie einen Emu-Knochen, blies ihn an und bespuckte ihn. Sofort wurden alle Emus sehend und liefen grunzend davon.

Von diesem Zeitpunkt an liefen alle Emus bei der Jagd davon, so daß die Männer ohne Beute zurückkehren mußten. Am nächsten Tag gingen die beiden Brüder, mit Speeren bewaffnet, erneut auf Emu-Jagd. Sie sahen einen Emu-Vater, der auf dem Nest saß, um Eier auszubrüten. Der junge Bruder traf den Emu mit dem Speer, aber das Tier konnte trotzdem davonrennen. Die beiden Männer verfolgten den Emu, bis sie ihn in der späten Nacht schließlich eingeholt hatten und erschlugen. Während sie Feuer machten, um den Emu zu braten, kam ein häßlicher Mann und raubte die Beute. Zornig liefen die beiden Männer und nahmen die Eier aus dem Emu-Nest, liefen zu ihrer alten Heimat zurück und verwandelten sich müde und abgeschlagen von der langen Wanderung in Emu-TJURUNGAS. Die Verfolgungsjagd wird in der Emu-Zeremonie dargestellt.

Die Verfolgungsjagd des Emus

Bei dieser Zeremonie treten drei Schauspieler auf: ein älterer Mann (der Emu-Vater) und zwei jüngere Männer, die die Emu-Küken repräsentieren. Sie sind um den Nabel mit breiten roten Kreisen geschmückt, an dessen Rand weiße Daunen befestigt sind. Von den Knien ausgehend über Brust und Gesicht laufen parallel Daunenringe, die sich an der Stirn vereinigen. Der Kopf wird mit einem TJURUNGA-Schmuck in den Haaren befestigt, und um den Hals können Haarknäule getragen werden, außerdem Magen und Herz, Leber und Gedärme, die den Körper des Emus schmücken.

Nachdem die Tänzer geschmückt sind, lassen sie sich auf dem Zeremonienplatz nieder, der ein Wasserloch darstellen soll. Nun ahmen sie die trinkenden Emu-Küken nach, wobei sie wie kleine Emus flöten. Der Emu-Vater hält sich hinter den Jungen auf und bewegt seinen Körper tänzelnd, von einer Seite zur anderen hüpfend. Die Hände sind dabei

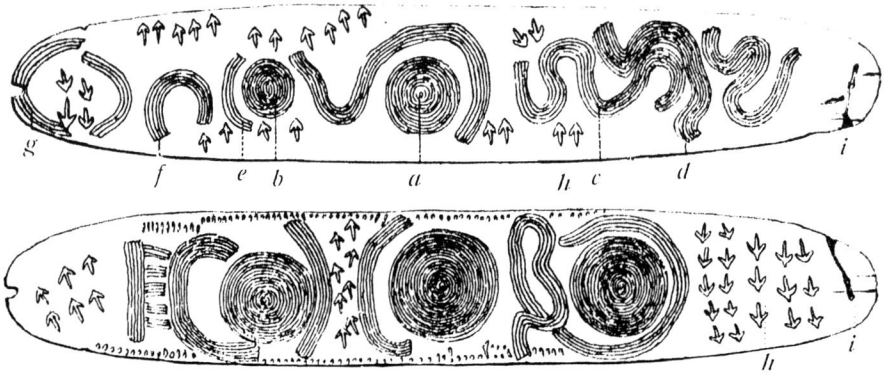

Ilia [Emu]-Tjurunga von Ulbma.
Eine Holz-Tjurunga: a und b: die Kennzeichnungen des Emu; c: die Eingeweide; d: der Mastdarm; e: das Fett; f: Schenkel; g: der Hals; h: die Fußspuren. Die Tjurunga ist an einer Spitze gesprungen und sorgfältig mit Bastfasern ausgebessert.

Der Emu-Urvater im Nest mit seinen beiden Emu-Küken, die er – wie
bei Emuvätern üblich – selbst ausgebrütet hat.

auf den Rücken gelegt, der Oberkörper etwas vorgebeugt. Er ahmt
genau die Bewegungen des Emus mit einer Meisterschaft nach, wie sie
nur die Ureinwohner fertigbringen. Zunächst zieht er hastig mehrere
Male den Bauch ein und drückt ihn wieder heraus, als wenn er vom
Laufen ganz erschöpft wäre, sieht sich dann scheu nach allen Seiten um
und kniet sich gemächlich vor dem angeblichen Wasserloch nieder.
Danach erhebt er sein rechtes Bein und schlägt mit ihm mehrere Male
den Boden. Plötzlich wiederholt er die gleichen Bewegungen mit dem
linken Bein. Nun reckt er den Kopf nach vorne und beugt ihn tief über
das vor ihm befindliche Wasserloch, als ob er trinken wolle. Nachdem
er diese Prozedur einige Male wiederholt hat, tritt ein Mann zu ihm
und umarmt ihn, worauf die Darstellung zum Ende kommt.

Bei der Zeremonie mußte das ganze Emu zugegen sein, also nicht
nur seine äußere Erscheinung, sondern auch seine inneren Organe.
Daher wurde eine Emu-TJURUNGA herumgereicht, auf der das ganze
Emu beschrieben ist.

1. *»Er flötet, er flötet,*
   Er lockt, er lockt.
2. *Die kleinen Emus wandern fort,*
   Mit ihrem Vater wandern sie fort.
3. *Mit schnell (sich bewegenden) Muskeln laufen sie,*
   Mit Knacken der Kniegelenke laufen sie.
4. *In den Binsen stolpern sie,*
   Mit schnell (sich bewegenden) Muskeln stolpern sie.
5. *Das Bauchfett (bezeichnet) der Kreis,*
   Den Magen (bezeichnet) der Kreis.
6. *Mit den Kniegelenken laufen sie fort,*
   Über spitzige Berge (und) über Steingeröll.
7. *›Ich habe (meine Beine) entzweigebrochen,*
   In der Mitte sind sie entzweigebrochen.‹
8. *Auf der großen Kiesfläche laufen sie,*
   Indem sie das Genick (und) den Hals hin- und herbewegen.«

Der Kult der Braunen Felsentaube

Die Braunen Felsentauben, die in einer Zeremonie besungen werden, repräsentieren die Urmütter der Urzeit, die auch als solche geschmückt werden. Dazu müssen sich die Schauspieler wie Frauen verkleiden und ihren Körper und ihr Gesicht mit rotem Ocker einreiben. Auf ihrem Kopf tragen sie Schnüre mit herabhängenden Bandikut-Schwanzspitzen, auf denen eine Holz-TJURUNGA befestigt ist. Als verwandelte Urmütter sind die Schauspieler eigensinnig, nehmen in einer Vertiefung des Erdbildes Platz und schauen sich schmollend in die Augen. Dabei gurren sie mit den anderen Männern und schreien fortwährend »ku-ku-ku«. Die Tänzer imitieren in diesem Kult das Liebesspiel der Tauben durch Gurren und Schmollen.

Dieser Taubenkult wurde in der Nähe von Gilbert Springs westlich von Hermannsburg aufgeführt, wo in der Urzeit ein Katzenmann Tauben gebraten und gegessen hat:

1. *»Tauben sind es, Tauben sind es,*
   Im Konzert gurren sie, im Konzert gurren sie.
2. *Tauben sind es, die fortwährend gurren,*
   Auf allen diesen Bergspitzen gurren sie fortwährend.
3. *Tauben sind es, Tauben sind es,*
   Sie haben klar sehende Augen.
4. *Ihre Augen sind klar,*
   Sie gurren fortwährend.
5. *Alle diese Bergspitzen sind (mit Tauben) bedeckt,*
   Alle diese tiefen Schluchten sind (mit Tauben) bedeckt.
6. *Die fortwährend Weinenden schmollen,*
   Die Tauben schmollen.
7. *Die Tauben schmollen,*
   Die Alknarintja schmollen.
8. *Die Lerrakunja-Tauben schmollen,*
   Die fortwährend Weinenden schmollen.
9. *Die Lerrakunja-Tauben schreien: kukuku!*
   Die fortwährend Weinenden schreien: kukuku!«

Der Kult des Schwarzen Habichts

Diese Zeremonie schildert den Flug des Schwarzen Habichts in die Heimat im Norden Australiens. Die Vögel wurden auf ihrem Flug von einem anderen Habichtsmann verfolgt, der vergeblich einen Speer nach ihnen werfen wollte. Immer höher und höher schwangen sie sich empor, bis ihre Stirn im Sonnenlicht wie die Halme des Spinnifexgrases glänzten. Voller Furcht flogen sie über das wildzerklüftete MacDonnell-Gebirge und beobachteten eine ungeheure Rauchsäule, die von einem Lagerfeuer ausging. Von Ferne hörten die Habichte das Klappern der Bumerangs, das eine Beschneidungszeremonie ankündigte. Anschließend flogen sie zu dem Salzsee, um von dort die Zeremonie zu verfolgen. Es gelang ihnen sogar, das verlorengegangene Beschneidungsmesser wiederzufinden.

Bei dieser Habichtszeremonie ahmen die Schauspieler die Geschichte des Habicht-Urvaters aus der Urzeit nach, indem sie sich wie Habichte weiße Streifen über die Nase und quer über die Brust malen. Die Ränder dieser weißen Streifen sind mit Daunenfedern umsäumt. Auf dem Rücken werden Adlerfedern befestigt, die die Habichtsflügel darstellen sollen. In großen Bögen laufen die Tänzer vom Aufführungsplatz gen Westen, Norden und Süden, um die grenzenlose Freiheit der Habichtsflüge zu demonstrieren. Bei ihrem Rückflug zum Ausgangspunkt springen sie über Zäune, die ihnen den Weg versperren. Die Habichtszeremonie endet mit einer herzlichen Umarmung der Schauspieler.

Habichtszeremonie unter einem Eukalyptusbaum
»Oh, Eukalyptusbaum, groß und mächtig!
Du stehst in der blauen Höh, groß und stolz!
Oh, Eukalyptus, stark und mächtig!
Du stehst mit der ganzen Kraft deiner Größe,
Stark und stolz.«

1. »Mit den Flügeln schlagend
   Fliegen sie niedrig über den Boden hin.

2. Über Steinhügel fliegen sie hinüber,
   Die schwarzen Habichte fliegen hinüber.

3. Wahrhaftig, lange Federn haben sie auf dem Rücken,
   Adlerfedern haben sie auf dem Rücken.

4. Ein Stock mit eingeritzten Zeichen
   Fliegt (ihn streifend) über ihn weg.

5. Wahrhaftig, über Alknarbana-Bäume (streicht er hin),
   Wahrhaftig, dicht am Abhang streicht er hin.

6. Wahrhaftig, an den Felsvorsprüngen
   Streicht er im Flug dahin.

7. Wie die Spinnifexgras-Spitzen glänzen,
   So glänzt die Stirne des Habichts (im Sonnenschein).

8. ›Uns flößt er Furcht ein,
   Jener Berg mit der grünen Stirne.‹

9. Aus dem Mulga-Dickicht steigt der Rauch empor,
   Sich schlängelnde Rauchwolken steigen empor.

10. ›Den Schild schlage auf den festen Boden!
    Den Schild schlage dröhnend auf den festen Boden!‹

11. ›Spalte den Jinbara-Strauch,
    Den Jinbara-Strauch, der neben (der Gebirgskette) steht!‹

12. Der schwarze Habicht läßt sich herab,
    Auf den Salzsee läßt er sich nieder.

13. ›Ich, grauer Habicht, stehe auf dem Salzsee,
    Ich schreite über den Salzsee.‹

14. Sie reiben
    Die weiße Farbe knirschend (auf dem Stein).

15. ›Der kleine Habicht
    Hat unsere Nase weiß bemalt.‹

16. ›Ihr mit dem weißen Streifen auf der Nase, stellt euch auf!
    Die mit dem Zeichen (auf der Nase), stelle auf!‹

17. ›Stellt euch alle auf einen Haufen!
    Versammelt euch zu Hauf!‹

18. Der mit der schwarzen Brust fliegt hinüber,
    Der schwarze Habicht fliegt hinüber.

19. Das Steinmesser ist ihm entfallen.
    ›Denke nach, wo du es verloren hast!‹

20. ›Du, mit den Flügeln auf dem Rücken,
   Du, Geflügelter, suche (das Messer)!‹
21. ›Vor dem Beschneidungsplatz schlage den festen Boden!
   Die Wölbung des Schildes schlage auf den festen Boden!‹«

Der Kult der Schmetterlingsraupe Wittchettygrub

Die Schmetterlingsraupe Wittchettygrub wird von den Frauen in Mulden gesammelt und in heißer Asche geröstet. Sie ist eine Delikatesse und so appetitlich und wohlschmeckend, daß sie bei den Ureinwohnern in hohem Ansehen steht. Auch heute fehlt die sechs Zentimeter lange Raupe bei keinem »Buschessen«. Dieses Überlebensessen besteht aus allem Eßbaren, das man in der Wüste findet: Raupen, Würmern, Leguanen, Vogeleiern, Stachelschweinen und Känguruhs.

Als die Schmetterlingsraupen alle Büsche und Sträucher kahlgefressen hatten, wanderten sie, sich über dem ganzen Land ausbreitend, nach Osten. Sie gingen in großen Haufen den Rücken des MacDonnell-Gebirges entlang und krochen dann vom Gebirge herunter, wobei viele auf die unteren am Fuß des Gebirge liegenden Felsplatten fielen. Diese Raupen wurden aufgesammelt und in Mulden hineingedrückt, so daß der dicke Saft der zerdrückten Raupen über den Rand der Mulden herabfloß. Diese Zeremonie beschreibt die nimmersatten Raupen, die wie eine Plage alles kahlfressen können.

1. » Von dem Berg Uláterka
   Kehren die schwarz (gestreiften Raupen) alle heim.
2. Die Tnurunga(*)-(Blätter) beißen sie im Stehen ab,
   Mit ihren Kinnladen beißen sie dieselben im Stehen ab.
   (* = Eremophila longifolia)
3. Die weißgestirnten (Raupen) stehen auf den kahlen
   Tnurunga-(Zweigen),
   Die weißgestirnten (Raupen) stehen auf den kahlen
   Tnurunga-(Zweigen).
4. Auf die Brust lassen sie sich herabfallen, daß es auf
   der Felsplatte schallt.
   Auf die Brust lassen sie sich herabfallen, daß es auf
   der Felsplatte schallt.

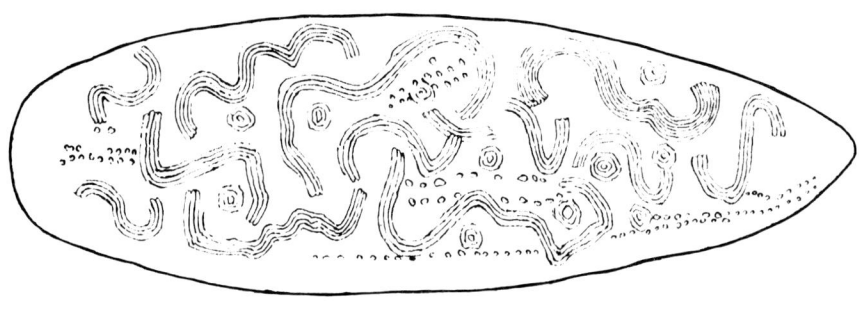

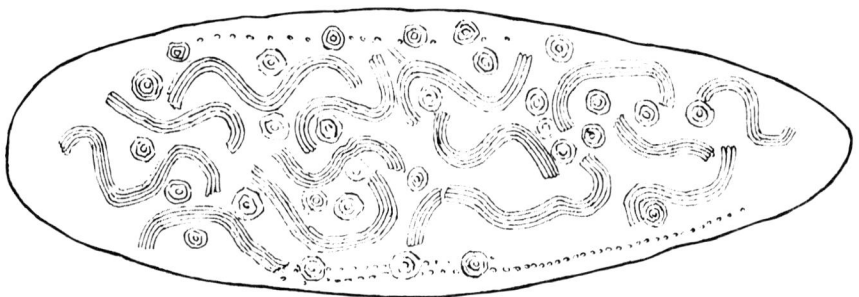

Tonanga-Tjurunga von dem Totemplatz Uláterka.
Tonanga ist die eßbare Larve einer Ameisenart. Die gebogenen
Linienfiguren stellen die Larven dar, die konzentrischen Kreise die
Löcher, in die sie sich in die Erde verkriechen.

5. ›Wir Tnurungatja wollen alles überschwemmend weiterwandern, Auf den Felsplatten wollen wir alles überschwemmend weiterwandern.‹
6. ›Wir Maiamaia wollen alles überschwemmend weiterwandern,
   Knabbernd wollen wir alles überschwemmend weiterwandern.‹
7. ›Wir weißen Raupen wollen alles überschwemmend weitergehen,
   Wir lange weißen Raupen wollen alles überschwemmend weitergehen.‹
8. ›Wir grünen Raupen wollen alles überschwemmend weitergehen,
   Wir grünen wollen alles überschwemmend weitergehen.‹
9. ›Wir Schöngezeichneten wollen alles überschwemmend
   weitergehen,

Wir am Rücken Gestreiften wollen alles überschwemmend
weitergehen.‹

10. *›Wir bunten Raupen wollen alles überschwemmend weitergehen,*
Wir Schöngezeichneten wollen alles überschwemmend
weitergehen.‹

11. *›Im großen Haufen wollen wir alles überschwemmend*
weitergehen,
Wir Schöngezeichneten wollen alles überschwemmend
weitergehen.‹

12. *Der steile (Berg) fällt senkrecht ab,*
Der steile (Berg besteht aus) aufeinandergeschichteten (Felsen).

13. *Auf den Felsplatten liegen die Körper (der Raupen),*
Die Tnurungatja-Körper liegen da.

14. *(Ihr) Mageninhalt wird herunterfallen,*
(Ihre) Exkremente werden herunterfallen.

15. *Über die Mulde werden (die Exkremente) herunterfallen,*
(Ihre) Exkremente werden herunterfallen.

16. *Die Flüssigkeit wird überfließen,*
Der dicke Saft (der Raupen) wird überfließen.

17. *Über die Mulde fließt er über,*
Der dicke Saft fließt über.«

Der Schlangenkult von Palm Creek

Schlangen werden auch in der Ureinwohner-Mythologie übernatürliche Kräfte zugetraut: Sie können wie die Knarinja-Schlange wie ein
Speer durch die Luft fliegen oder wie zwei Erulanganana-Schlangen-
schwestern in der Erde verschwinden und unterirdisch weiterwandern
oder wie die zwei Renina-Schlangenbrüder im Wasserloch verschwinden und unter den Wassermassen weitergehen. Auf jeden Fall
meiden die Ureinwohner Wasserlöcher, in denen Schlangen verschwunden sind, aus Furcht, in die Tiefe gezogen zu werden.

Die Schlangenmythologie erinnert an unser Märchen vom Eisenhans, der ebenfalls unter dem Wasser lauerte und jeden Menschen
verschlang, der sich an sein Wasserloch wagte.

Die gefürchtete Wasserschlange KULAIA bewohnt das Wasserloch an
der Finke-Schlucht. Obgleich die Ureinwohner große Furcht vor

diesem Fabeltier haben, können sie es nicht lassen, über die »dumme« Schlange zu spotten, die in der Dunkelheit der Nacht mit offenem Maul schläft. Zusammen mit der gefleckten Giftschlange will KULAIA im schwarzen Flußbett in ihre Heimat zurückziehen. Dabei nehmen sie ihre junge Brut mit auf die Reise, indem sich die jungen Schlangen um die Alten wickeln und festhalten:

1. »›In der Mitte des Wasserloches will ich Kreise bildend aufsteigen,
   Bei den Binsen will ich Kreise bildend aufsteigen.‹
2. Bei den Binsen zeigt sich der schwarze Kopf (der Wasserschlange),
   Bei den Binsen zeigt sich (ihr) schwarzer Kopf.
3. Sie sperrt ihr Maul auf in der Nacht, die Unsinnige.
   Sie sperrt ihr Maul auf in der Nacht, die Unsinnige.
4. (Die Wasserschlange) mit dem gestreiften Kopf kommt heran,
   Jene kommt (ans Ufer) heran.
5. Die jungen Wasserschlangen kommen heran,
   Jene kommen heran.
6. Die gefleckte Giftschlange kommt heran,
   Jene kommt heran.
7. Zwischen den Baumwoll-Büschen kommt sie heran,
   Die gefleckte (Schlange) kommt heran.
8. Die Schlange hinterläßt Spuren (im Sand),
   Bei den kleinen Strohblumen hinterläßt sie Spuren.
9. ›Im schwarzen Flußbett wollen wir beide wandern,
   Im schwarzen Flußbett wollen wir beide wandern.‹
10. ›(Meinen) Schwanz will ich schlängelnd nachziehen,
    (Meinen) Schwanz ziehe ich (beim Kriechen) ein.‹
11. ›(Meinen) Kopf ziehe ich ein,
    Auf dem Steingeröll (kriechend) ziehe ich (den Kopf) ein.‹
12. ›Auf diesem mit Wassermoos bedeckten (See) kehre ich heim,
    Diesen Schild als Sitz (gebrauchend) kehre ich heim.‹
13. ›Mitten auf dem klaren Wasserspiegel
    Will ich rutschend heimkehren.‹
14. ›Wir, von denen eine so aussieht wie die andere, wollen uns
    schlängelnd weiterbewegen.
    Wie Baumwurzeln wollen wir uns schlängelnd weiterbewegen.‹
15. Den Urin umschließt das lange Fett der Schlange,
    Den Wasserspiegel bedeckt das lange Fett der Schlange.

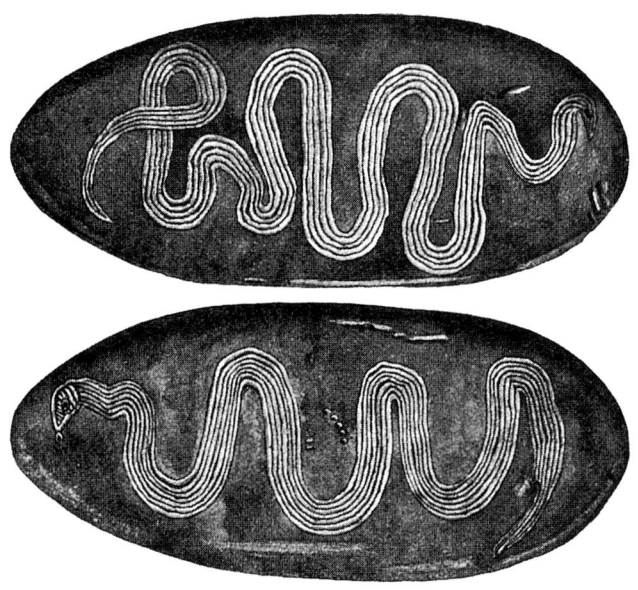

Die Kulaia [Wasserschlange]-Tjurunga.

16. *Alle (jungen Schlangen) wickeln sich um (die Alte),*
    Um ihr fleischiges Rückgrat wickeln sie sich.
17. *›Wir alle wollen uns (ins Wasser) stürzen,*
    In der Mitte des Wasserloches wollen wir uns hineinstürzen.‹«

In der Abbildung sieht man die schön gearbeiteten steinernen KULAIA-Schlangen-TJURUNGAS. Auf beiden Seiten der TJURUNGA ist die Wasserschlange dargestellt. Naturalistische Figuren auf den TJURUNGAS gehören zu den größten Seltenheiten. Unter den 400 hölzernen und steinernen TJURUNGAS waren außer den abgebildeten Stücken nur noch zwei oder drei andere mit realistischen Tierdarstellungen gleichfalls Schlangen. Normalerweise wurden durchweg nur lineare Ornamente, konzentrische Kreise, Spiralen, Halbkreise, gerade und gekrümmte Linien verwendet. Die Arbeit der Eingravierung ist sehr unterschiedlich: Neben ganz rohen Stücken gibt es auch solche, die mit äußerster Sorgfalt ausgeführt sind. Berücksichtigt man die primitiven Werkzeuge, mit denen die Gravuren in Holz und Stein angebracht wurden, so sind z.B. manche der konzentrischen Kreise und Spiralen von bewundernswerter Exaktheit. Spiralen von 20 bis 25 Windungen sind dabei keine Seltenheit. Vereinzelt kommen aber auch solche mit bis zu 50 Windungen vor. In manchen Fällen beginnt das Ornament mit einer Spirale und geht dann später in einen konzentrischen Kreis über oder auch umgekehrt.

Der Kult der Fruchtbaren Gebärmutter

In der Nähe von Gilbert Springs westlich von Hermannsburg wohnte in der Urzeit eine Gebärmutter an einem Wasserloch. Ringsherum wuchsen Wasserbinsen, deren gelbe Blüten die Wasseroberfläche peitschten. Die Gebärmutter, die gerade ein Kind geboren hatte, saß am Wasserloch und zitterte vor Kälte. Ihr Mann war schon lange verreist, und sie weinte bittere Tränen der Einsamkeit. Als ihr Mann plötzlich zurückkam, schmückte sie ihren Körper mit roter Farbe. Voller Freude legte sie sich auf ein Lager in ihrer Hütte, doch ihre Regelblutungen schreckten ihren Mann ab. Im Trotz wollte sie von ihrem Mann weglaufen. Schmollend hob sie die Nase, um ihrem Mann davonzulaufen. Doch ihr Mann brachte sie mit dem Speer wieder zur Vernunft.

Ein in Stein verwandelter Uterus

1. »*Mitten auf dem Wasserloch peitschen die Binsenblüten (das Wasser),*
   Die Binsenblüten peitschen (das Wasser).
   Die Binsenblüten peitschen (das Wasser).
2. *›O Gebärmutter zittere (vor Kälte)!*
   O Nabel zittere!
3. *Auf harter Ebene (sitzend) erzittere (vor Kälte)!*
   In dem ausgehöhlten (Schlaf)platz erzittere!‹

4. *Sie hat schwellende (Brüste),*
   Sie hat Brustwarzen.
5. *›Geh in den Camp der ewigen Frauen,*
   Bleibe dort, bleibe dort.‹
6. *Über die lange Abwesenheit (ihres Mannes) ist sie betrübt,*
   Traurig (weint sie) viele Tränen.
7. *Große Tränen wird sie weinen,*
   Große Tränen wird sie weinen.
8. *(Ihr) Mann kehrt zurück,*
   Der Mann kehrt rot bemalt zurück.
9. *Sie bestreicht sich mit roter Farbe,*
   Sie bestreicht sich über und über mit roter Farbe.
10. *Eine lange Schnur*
    Will sie in der dunklen (Höhle?) sich anlegen.
11. *Auf der rechten Hüfte wirft sie sich nieder,*
    (Nachdem sie zu ihrer Hütte) zurückgekehrt ist,
    Auf den ausgehöhlten (Schlaf)platz wirft sie sich nieder,
    Nachdem sie zurückgekehrt ist.
12. *Bei der Regel fließt geronnenes Blut ab,*
    Bei der Regel (fließen) Blutklumpen (ab).
13. *›Vulva erzittere,*
    Bei dieser Regel erzittere.‹
14. *Sie sieht nach ihrer Tochter aus,*
    (Die) von der Wanderung zurückkehrt.
15. *Sie ist widerspenstig,*
    Sie will (von ihrem Mann) fortlaufen.
16. *›Wende deine Nase ab und schmolle!*
    Laufe fort und schmolle!‹
17. *Die kleinen Jinbara-Sträucher stehen ächzend (im Winde),*
    Die kleinen Jinbara-Sträucher stehen auf dem Gebirgskamm.«

Der Kult des Melaleuka-Baumes Ilbula

Der Melaleuka-Baum gehört zu den heilkräftigsten Pflanzen der Ureinwohner. Auch heute wird das Melaleuka-Öl als Naturheilmittel erfolgreich eingesetzt.

In der Nähe des Finke-Flusses lebten in der Urzeit viele Urmütter,
deren Körper sich in »Teatree«-Bäume verwandelten. Hier stehen sie
noch heute, und ihr Wachsen wird in den Gesängen des »Teatree«-
Baumes besungen. Dabei werden die Schauspieler mit einem breiten
schwarzen Streifen übermalt und tragen auf ihrem Kopf Mulga-
Zweige, in denen eine »Teatree«-TJURUNGA befestigt ist:

1. *»Die kleinen Ilbula-Sträucher, die kleinen Ilbula-Sträucher,*
   Mit Blüten bedeckt stehen sie da.
2. *Die kleinen Ilbula-Sträucher, die kleinen Ilbula-Sträucher,*
   Mit (Zweig)spitzen voller Blüten, so stehen sie da.
3. *Die kleinen Ilbula-Sträucher, die kleinen Ilbula-Sträucher,*
   Mit weißen Blüten (bedeckt) stehen sie da.
4. *Die kleinen Ilbula-Sträucher, die kleinen Ilbula-Sträucher,*
   Mit aufrecht stehenden Blättern an den Zweigspitzen
   stehen sie da.
5. *Die kleinen Ilbula-Sträucher, die kleinen Ilbula-Sträucher,*
   Mit krummen Blättern an den Zweigspitzen stehen sie da.
6. *Die kleinen Ilbula-Sträucher, die kleinen Ilbula-Sträucher,*
   Mit Blätterbüscheln stehen sie da.
7. *Die kleinen Ilbula-Sträucher, die kleinen Ilbula-Sträucher,*
   Mit verwelkenden Blättern stehen sie da.
8. *Die kleinen Ilbula-Sträucher, die kleinen Ilbula-Sträucher,*
   Mit ineinander verschlungenen Ästen stehen sie da.
9. *Die kleinen Ilbula-Sträucher, die kleinen Ilbula-Sträucher,*
   Sie fegen immer den Boden.
10. *Die kleinen Ilbula-Sträucher, die kleinen Ilbula-Sträucher,*
    Mit ihren Zweigspitzen fegen sie (den Boden).
11. *Die kleinen Ilbula-Sträucher, die kleinen Ilbula-Sträucher,*
    Mit ihren hellen Stämmen stehen sie da.
12. *Die kleinen Ilbula-Sträucher, die kleinen Ilbula-Sträucher,*
    Mit ihren glänzenden Stämmen stehen sie da.

Die Abschlußzeremonie bei den Bandikut-Feiern von Ilbalintja. Auf
dem Zeremonienpfahl hängen Schwirrhölzer und Tjurungas. Nach
der Zeremonie wird der Tnatantja-Pfahl zerstört.

13. *Die kleinen Ilbula-Sträucher, die kleinen Ilbula-Sträucher,*
    Mit ihren dicht zusammenstehenden Stämmen stehen sie da.
14. *Die kleinen Ilbula-Sträucher, die kleinen Ilbula-Sträucher,*
    Vielstämmig stehen sie da.
15. *Die kleinen Ilbula-Sträucher, die kleinen Ilbula-Sträucher,*
    Mit Safttropfen (bedeckt) stehen sie da.
16. *Die kleinen Ilbula-Sträucher, die kleinen Ilbula-Sträucher,*
    (Ihre) Wurzeln hängen aneinander.

17. *Die kleinen Ilbula-Sträucher, die kleinen Ilbula-Sträucher,*
    (Ihre Wurzeln) sind miteinander verbunden.
18. *Die kleinen Ilbula-Sträucher, die kleinen Ilbula-Sträucher,*
    (Ihre Wurzeln) halten fest zusammen.
19. *Die kleinen Ilbula-Sträucher, die kleinen Ilbula-Sträucher,*
    (Ihre Wurzeln) halten sehr fest im Boden.
20. *Die kleinen Ilbula-Sträucher, die kleinen Ilbula-Sträucher,*
    Sie bleiben sehr klein.
21. *Die kleinen Ilbula-Sträucher, die kleinen Ilbula-Sträucher,*
    Nicht (mehr höher) wachsend stehen sie da.«

Die Regen-Zeremonie oder
Die Kunst, Regen zu machen

Die Kraft, Regen zu machen, war die wichtigste Kunst der magischen
Wetterkontrolle in Zentralaustralien, denn nichts konnte wachsen und
gedeihen ohne Regen. Auch in Zeiten strengster Trockenheit trieben
immer wieder Regenwolken von Norden nach Westen, in die Richtung,

Figur 1: Kwatja Atjua Wonninga. Gebraucht bei den Aufführungen des Regentotems.
Langes, oben und unten zugespitztes, mit Rötel gefärbtes Holz, auf dem ein flaches
bogenförmiges Querholz aufgebunden ist. Über der Kreuzungsstelle liegt ein breites
Viereck aus Menschenhaarschnüren, die der Länge nach konzentrisch lose neben-
einander gespannt sind. Der innere Teil besteht aus ungefärbten, der breite äußere Rand
aus mit Rötel bestrichenen Schnüren, die weißen Verzierungen aus dick aufgetragenem
Kalkbrei. An beiden Enden des Querholzes sowie am oberen Ende des Mittelstücks sind
Federbüsche aus gelben und weißen Kakadufedern angebracht. Die Rückseite ist mit
Rötel einfach rot gefärbt; über dem Querholz liegt ein breiter Streifen aus weißem
Kalkbrei.

Figur 2: Ara Wonninga. Gebraucht nach den Aufführungen des Totems des Känguruhs
Ähnlich wie vorige Nummer, jedoch besteht der Längsstab aus einem fingerdicken
runden, unten zugespitzten Zweig. Das Schnur-Viereck ist vollständig mit aufgeklebten
Kakadudaunen bedeckt, auf dem mit Ocker konzentrische Vierecke aufgemalt sind.
Auf der Rückseite ist das Viereck bis auf einen handbreiten, mit Ocker rotgefärbten und
beiderseits mit Kakadudaunen eingefaßten Außenrand quadratisch und diagonal durch
Streifen geteilt.

Figur 3: Putaia Wonninga. Gebraucht nach den Aufführungen des
Totems des kleinen grauen Wallabys.
Das aus einem runden etwas gebogenen fingerdicken Zweig bestehende
Querholz ist mittels eines Spalts über dem Längsholz befestigt. Die weißen
Verzierungen darauf und auf dem Menschenhaar-Viereck bestehen aus aufgeklebten
Kakadudaunen (wie Figur 1, ohne die Kakadufederbüschel).

aus der Regenstürme kommen. Aber die Südwinde konnten die Regenwolken manchmal vertreiben, so daß es nur Tropfen regnete und eine
glühend heiße Sonne die Erde wieder versengte. Die Regenmacher
sagten dann: »Unsere Regenwolken wandern immer noch umher. Sie
gehen nach Norden, Süden, Osten und Westen. Und wenn sie genügend gewandert sind, werden sie müde und geben dann erst ihren
Regen ab.«

In Zentralaustralien gibt es vier Jahreszeiten, die die ganze Vegeta-
tion bestimmen: einen langen, heißen Sommer, einen kurzen schönen
Herbst, einen kurzen Winter mit starken Frösten und einen kurzen
warmen Frühling. Kommt der Regen nicht im Sommer, gibt es auch
kein Gras. Ohne Regen gibt es kein Leben. Starke Regenschauer im
Sommer sind genauso wichtig wie Regen im Frühling. Daher sind die
Regengesänge die größten Schätze der Ureinwohner.

Regen machen bedeutete, Leben zu schaffen, und die Arandas
zögerten nicht, ihr Blut zu spenden, um magisch den Regen anzuziehen. Blut für den Körper ist wie Regen für die Erde. Deshalb wurde
Blut in großen Mengen für den Regen gespendet und verschwenderisch
über Körper und Schulter der Regenmacher gegossen, während gleichzeitig die Regenlieder gesungen wurden, um die Regen-Urahnen zum
Leben zu erwecken.

Schweigend wanderte der Zeremonienmeister des Regenkultes mit
seinem Gefolge zu den Steinhöhlen, in denen die Regen-TJURUNGAS
aufbewahrt waren. Dann erst schlugen die Männer Bumerangs und
Schilde, um den Urahnen ihre Ankunft anzukündigen. Vor der Höhle
wurden alle persönlichen Dinge abgelegt, und nur der Zeremonienmeister selbst durfte die Höhle betreten, um die TJURUNGAS herauszuholen.
In der Höhle lagen zwei Pfähle von 30 Meter Länge und einem Durch-
messer von sechs bis acht Zentimetern. Sie waren schwer wie Eisen,
denn sie repräsentierten die eigentlichen Körper der Regenbrüder, die
kreuz und quer über Zentralaustralien gewandert waren. 100 Meilen
bis nach Otnadada waren sie gewandert, bis sie hierher in die Höhle
kamen, um sich in einen Pfahl zu verwandeln. Die Regen-Urahnen
waren sehr durstig auf Blut, und wenn man es ihnen nicht gäbe,
würden sie wegwandern und sich verstecken. Dann würde es für Jahre
nicht mehr regnen. Die großen Pfähle waren rot, mit Ocker, Sand und
Fett eingerieben, aber sie mußten immer wieder so dick mit Blut

Bei der Regenzeremonie werden die Regen-Urväter zum Leben
erweckt. Die Regengesänge sind der größte Schatz der Ureinwohner,
denn Regen machen bedeutet Leben schaffen.

erfrischt werden, daß man nicht erkennen konnte, aus welchem Holz sie bestanden.

Der Zeremonienchef selbst setzte sich wie üblich auf die Erde, legte eine feste Manschette an den Oberarm und öffnete seine Venen am Arm. Auch die anderen Männern öffneten auf die gleiche Art und Weise ihre Venen. Wenn sie Schwierigkeiten hatten, einen guten Blutfluß zu erreichen, mußten sie sich alle vier bis fünf Minuten erneut in die Vene schneiden, bis schließlich das Blut im satten Strahl über die Tjurungas floß. Bald war die ganze Höhle mit Blut überströmt. Große und kleine Steine wurden mit Blut überspritzt.

Der Regenstein symbolisierte den lokalen Regenurvater, der ursprünglich die Form eines Frosches hatte und an den ewigen Wassertümpeln lebte. Die Felsen symbolisierten die Regenwolken. Die Regen-Zeremonie enthält über 80 Gesänge, die zu den schönsten Zentralaustraliens gehören.

Zum Regenkult werden die älteren Männer mit einem schwarzen Streifen um den Leib bemalt und mit rot gefärbten Daunen geschmückt, die am ganzen Oberkörper angeklebt sind. Auf ihrem Kopf ist ein Regen-Totempfahl befestigt. Ferner wird eine Regen-Gebärmutter angefertigt. Der Gegenstand wird an einer Schnur vom Schauspieler getragen, so daß er auf dessen Bauch herabhängt. Die jungen Schauspieler werden mit roten von den Schultern bis ans Knie reichenden Streifen geschmückt. Sie stellen sich in einer Reihe nebeneinander auf und schwingen fortwährend in beiden Händen Gummibaumzweige, wobei sie im schnellen Tempo die Laute »nga, nga, nga« ausstoßen, was das Geplätscher des fallenden Regens darstellen soll. Unterdessen sitzen die älteren Darsteller, denen man mit spitzen Knochen in den subinzidierten Penis gestochen hat, so daß Blut herausfließt, unbeweglich auf dem Boden und lassen das Blut, das den Regen repräsentieren soll, herabträufeln. Während der Zeremonie wird Wasser getrunken.

Unbeweglich sitzen die Regendarsteller auf der Erde, um auf den Regen zu warten, bis, wie in den Gesängen beschrieben, Wasserfluten mit weißem Schaum zu strömen beginnen, die Haufen von Spreu und Wassermoos mit sich schwemmen. Von den felsigen Ufern des Flusses stürzt sich das Wasser rauschend herab, um dann endlich wieder zu versiegen.

Die Zeremonie beginnt mit einem Aderlaß; dabei werden die alten
Initiationsnarben wieder geöffnet. Das Blut ist heilig und verwandelt
einen Menschen zu einem göttlichen Urvater. Der Aderlaß war gleichzeitig die körpereigene »Apotheke« der Ureinwohner und diente
ihnen zur Entgiftung und zur Freisetzung körpereigener Heilstoffe.

1. »*Unbeweglich sitzen (sie) da,*
   (Mit Blut) bedeckt sitzen (sie) da.
2. ›*Wahrlich, Schaum breite dich aus,*
   Wahrlich, Schaum breite dich aus!‹
3. ›*O Spreuhaufen, geh, breite dich aus,*
   O Spreuhaufen, geh, breite dich aus!‹
4. ›*O Wassermoos, bedecke (das Wasser),*
   O Wassermoos bedecke (das Wasser)!‹
5. *Über die Felsplatte fließt es rauschend herab,*
   Zwischen dem grünen (Gras) fließt es rauschend herab.
6. *Es versiegt im Dahinrollen,*
   Alles (Wasser) zieht ein.«

Eine andere Regen-Zeremonie schildert in anschaulicher Weise, wie
der Regenmann im Westen in Gestalt einer schwarzen Wolke umher-
zieht. Das weiße Wolkengebilde geht ihm voraus und entfaltet sich wie
eine Blume. Bald fließt der Regen über die Mistelzweige herunter, und
der Blitz beleuchtet die Bäume. Auch durch die dichten Bäume, unter
dem einige Jungen Schutz gesucht haben, strömt der Regen hinunter.
Mit dem Ausruf »Wehe uns! Wehe uns!« suchen sie sich heulend Feuerholz, da der Regen ihr Feuer ausgelöscht hat. Plötzlich blitzt es und
schlägt ein. Auf der Lehmebene, über der sich die Wolken zusam-
mengezogen haben, steht eine große Wasseransammlung. Grollend
zieht das Gewitter weiter. Der Name dieses Platzes, wo sich das
Gewitter entladen hat, wird »Regenwolke« genannt.

1. *»Im Westen wuchs die schwarze Wolke an,*
   Nach Osten breitete (sie) sich aus.
2. *Die Wolkenblume entfaltete sich,*
   Die weiße Wolke entfaltete sich.
3. *Wie Urin fließt (der Regen) von den Mistelzweigen herab,*
   Der Blitz beleuchtet die Mistelzweige.
4. *(Der Regen) strömte hernieder durch die dichten Ilbara-Bäume,*
   (Der Hagel) erschlug sie.
5. *›Wehe uns!‹*
   Heulten sie, (indem sie) dastanden.
6. *Weiter ziehend löscht (der Regenmann) das Feuer aus,*
   Wo er ein kleines Feuer gesehen hat, löscht er es aus.
7. *Feuerholz laden sie sich (auf den Kopf),*
   Im Lagerplatz breiten sie es aus.
8. *Es blitzt (stark),*
   Es schlägt ein.
9. *Das Wasser steht auf der Lehmebene,*
   Wo sich (die Wolken) gegenübergestanden haben.
10. *Der Donner brüllte,*
    Es blitzt fortwährend,
    Der Donner grollt.«

In der Urzeit hat sich der Regengott in diesen vielfarbigen Fels
verwandelt. Aus dem Felsen stammen göttliche Kinderkeime, die
sich zu Regenwolken »auswachsen« können. Der Urvater des Regens
wurde in diesem Regenbogenfels verehrt.

In einer dritten Regen-Zeremonie wird der Regenbogen geschildert, der über dem trockenen Salzsee steht. Der Regenbogen-Mann kommt schon vor den heraufziehenden Wolken aus dem Bogen hervor, breitet sich dann halbkreisförmig über die Erde aus und schmückt sich »grün«. Hierauf läuft er hinter den Wolken her, umfaßt sie von hinten und treibt sie vor sich her, bis er sich auf den Platz im Norden niederläßt.

1. *»Der Regenbogen, der Regenbogen steht da,*
   Über Tjoiri steht er da.
2. *Der Regenbogen steht da,*
   Der Regenbogen steht da.

Figur 1: Mbulara Kanturanga (Regenbogen-Bogen).
Oben und unten zugespitztes flaches Holz, mit grellroter Farbe eingerieben und, nach den auf der Tafel sichtbaren Spuren zu schließen, mit strich- und kreisförmigen, breit mit weißem Kalk aufgetragenen Ornamenten versehen; am oberen Ende ein Büschel Emufedern. Quer darüber ist ein bogenförmiges vollständig mit Schnüren aus Pflanzenfasern umwickeltes, mit einem dicken Brei von grellrotem Farbstoff (Ocker?) überzogenes Querholz mittels eines durch zwei in das Längsstück gebohrte Löcher durchzogenen Rottanstreifens verbunden. Die Enden dieses Querholzes sind mit Kakadufedernbüscheln verziert. Außerdem ist es mit einem dicken roten Brei roten Ockers überzogen; die weißen Ornamente sind mit Kaolin(?)brei aufgetragen.

Figuren 2 und 3: Zwei schwirrholzähnliche, platte, an beiden Enden etwas zugespitzte Tjurunga-Hölzer, die sich die Männer bei der Aufführung des Nkura-Tjurunga, an der die Frauen teilnahmen, ins Haar steckten. Diese mit Rötel angestrichenen, mit kleinen weißen und großen schwarzen, in drei Reihen angeordneten runden Flecken bemalten Hölzer stellen den mit roter Farbe bestrichenen Leib der Frauen dar. Die kleinen weißen Punkte bedeuten die angeklebten Vogeldaunen, die mittlere Reihe der schwarzen Flecke a) den Uterus, die beiden seitlichen Reihen b) die Brüste. Die Rückseiten sind in der gleichen Weise bemalt wie die Vorderseite.

Figur 4: Tjilpa Kanturanga (= Bogen). Gebraucht bei den Aufführungen des Totems der Wilden Katze. Glattes, oben und unten zugespitztes Stück Holz in Form eines Schwirrholzes mit beiderseitig eingeschnittenen Verzierungen. Am oberen Ende ein Bündel von weißen und gelben, mit Rötel beschmierten Kakadufedern. Quer darüber ist ein bogenförmiges, vollständig mit Schnüren von Menschenhaaren umwickeltes Holz gebunden, dessen Enden ebenfalls mit Kakadu-, Emu- und Raubvogelfedern verziert sind. Das Ganze ist vollständig mit weißem Kakaduflaum beklebt.

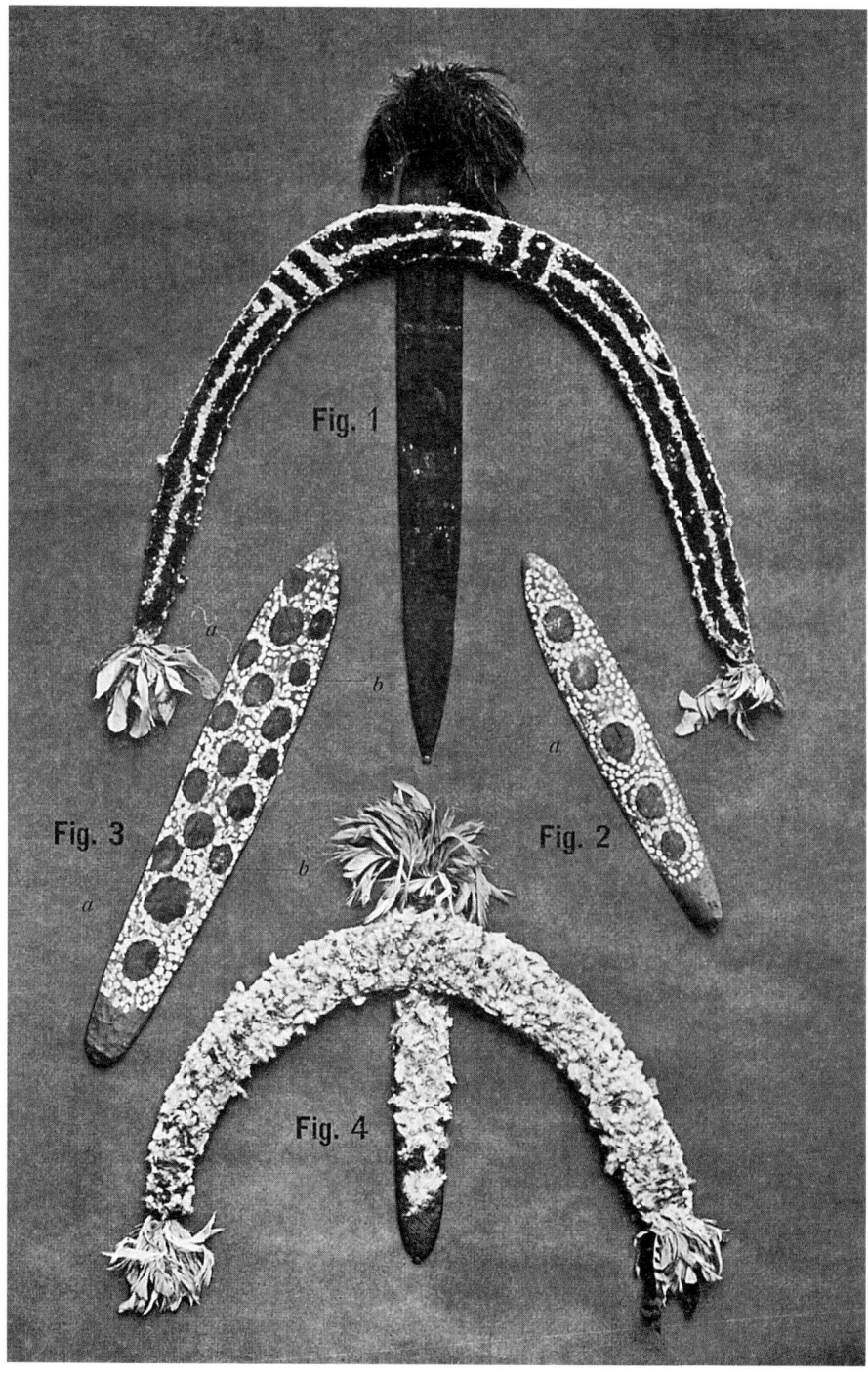

3. *Der ewige Regenbogen-(Mann) kommt (aus dem Boden) hervor,*
   Vor (den Wolken) kommt er (aus dem Boden) hervor.
4. *Der Regenbogen breitet sich (am Himmel) aus,*
   Der Regenbogen breitet sich (am Himmel) aus.
5. *Der Regenbogen steht gebogen auf der Erde,*
   Der Regenbogen färbt sich grün.
6. *Der Regenbogen läuft schnell (hinter den Wolken her),*
   Der Regenbogen läuft schnell (hinter den Wolken her).
7. *Der Regenbogen umfaßt (die Wolken),*
   Der Regenbogen umfaßt (die Wolken).
8. *Der Regenbogen treibt (die Wolken) vor sich her,*
   Der Regenbogen treibt (die Wolken) vor sich her.
9. *Der Regenbogen hält (die Wolken) zurück,*
   Der Regenbogen hält (die Wolken) zurück.
10. *Der Regenbogen hält sich (dort) auf,*
    In Talipuntja hält er sich auf.«

Dieser Kult wird zu dem Zweck aufgeführt, den Regenbogen-Mann zu veranlassen, nach lang anhaltendem Regen (übrigens eine Seltenheit in Zentralaustralien) aus dem Boden hervorzukommen, sich schön zu schmücken und die Wolken zu vertreiben.

Der Regenmann und der Regenbogen – ein Wandermärchen

Die Ureinwohner kennen auch die Sage von Jonas mit dem Wal; mehrere Motive erinnern an dieselbe Geschichte, so das Verschlingen durch ein Ungeheuer, das mehrtägige Verweilen des Verschlungenen im Bauch, das Verzehren des Fleisches des Ungeheuers und das Wiederausspeien. Diese Sage ist über die ganze Welt als Wandermärchen verbreitet und findet sich auch bei den anderen Südseevölkern in Melanesien, Polynesien und den Inseln der Torresstraße in verschiedenen Variationen.

Fern im Westen am Ufer des Meeres wohnte ein großer Regenhäuptling namens ATAJINNA, d.h. der Aufseher, der als Totemtier eine Wasserschlange hatte. Mit diesem Regenhäuptling lebten viele Regenmänner zusammen. Von Zeit zu Zeit ergriff der Regenhäuptling einen jungen

Mann am Arm, bedeckte mit der anderen Hand dessen Augen und führte ihn zum Meer, in dem sich eine ungeheure Wasserschlange aufhielt.

Wie im Märchen vom Eisenhans greift nun diese Schlange den Jungen und zieht ihn mit sich in die Tiefe. Im Bauch der Schlange bleibt er zwei Tage, während der viele weiße, glänzende Muscheln vom Leib der Wasserschlange in den Kopf, die Arme und den Leib des jungen Regenmannes eindringen. Nach zwei Tagen kommt der Regenhäuptling wieder an das Ufer des Meeres und befiehlt der Wasserschlange, den jungen Mann wieder auszuspucken. Der Schlange wird angedroht, daß ihr Fleisch verzehrt würde, wenn sie den jungen Mann nicht mehr hergäbe.

Nachdem der Häuptling eine Unterlage von Büschen am Ufer ausgebreitet hat, kommt die Schlange herangeschwommen und steckt ihren Kopf aus dem Wasser, worauf der Regenhäuptling den Körper der Schlange mit einem Stock so drückt, daß sie den jungen Regenmann auf die Unterlage ausspeit. Darauf führt der Regenhäuptling den jungen Mann zu seinem Lagerplatz zurück, wo die Frauen ein Feuer anzünden, das einen dichten Rauch erzeugt. Über dieses qualmende Feuer wird der junge Mann gelegt.

Nachdem er durchräuchert ist, begibt er sich auf Befehl des Häuptlings zu einer weiten Ebene, entnimmt seinem Körper eine Muschel, die er auf seinem Stein reibt, und verwandelt sich in eine Wolke. Nun steigt er in dieser Gestalt zum Himmel empor, stellt sich auf den Kopf und löst seine langen Haare auf. Durch sein herabhängendes Haar fließt endlich Regen auf die Erde. Am Himmel wandert er weiter nach Osten und zieht von Zeit zu Zeit Muscheln aus seinem Haupt hervor, die er auf die Erde wirft; das sind die Blitze. Den Donner verursachen Kaulquappen, die geräuschvoll auf den Wolken hin- und herrennen und mit dem Regen auf die Erde fallen.

Dem dahinziehenden Regenmann eilt die Seele des Regenhäuptlings nach und erscheint den Erdbewohnern als Regenbogen, während der Leib des Regenhäuptlings am Meeresufer fest schläft. Doch der wandernde Regenmann ergreift die Seele des Häuptlings, bindet diesen auf seinem Kopf fest und zieht weiter nach Osten.

Wenn der Regenmann nach Westen heimkehrt, so wirft er wieder Regenmuscheln herunter und läßt sie auf der Erde dahinrollen. Am Meeresufer steigt er erneut herab, doch der Regenhäuptling versperrt ihm den Weg zu seinem Lagerplatz. Dauert dieser Zustand zu lange, so entstehen große Dürren, die ja in Zentralaustralien sehr häufig anzutreffen sind. Ehe es wieder regnen kann, muß der Regenhäuptling erneut einen jungen Mann der Wasserschlange in den Rachen werfen, worauf sich der beschriebene Vorgang von neuem wiederholt.

Regen bedeutet auch in Zentralaustralien Fruchtbarkeit und Wachstum. Die Regentropfen werden von den Ureinwohnern als Kinderkeime angesehen, von denen eine Frau schwanger werden kann, wenn sie im Regen spazierengeht.

IV.

Der Tanz von Empfängnis, Kindheit und Jugend

»Der Mensch ist ein Haus Gottes,
und Gott wohnt in ihm.«
(Hildegard von Bingen)

Die Schöpfung war den Ureinwohnern so lieb und heilig, daß sie sich
selbst durch ihre Tänze und Gesänge mit ihr identifizierten. In allen
Geschöpfen sahen sie die Anwesenheit des Göttlichen in der Natur.
Sie fühlten sich auch für die Fruchtbarkeit der Geschöpfe verantwortlich; deshalb mußte in ihren Zeremonien der Himmel, symbolisiert
durch den Zeremonienpfahl – das Männliche – mit der Erde, dem
kreisrunden weiblichen Erdbild, zusammenstoßen.

Das Empfangen der Lebenskraft

Die Schwarzen Australier wußten, daß sie neben ihrer biologischen Abstammung von ihren Eltern einen noch tieferen Ursprung hatten: Sie waren die Kinder der göttlichen Schöpfung. Das gab ihnen das Gefühl – obwohl nackt und besitzlos –, die glücklichsten Menschen auf der Erde zu sein.

Nach Ansicht der Ureinwohner hat der Geschlechtsakt nichts mit der Empfängnis zu tun. Der Beischlaf wird von ihnen als reines Vergnügen angesehen. Nur die Alten wissen, daß dabei Kinder gezeugt werden. Frauen und Kindern hingegen ist diese Tatsache unbekannt, obwohl alle den Zusammenhang zwischen Begattung und Nachkommenschaft bei den Tieren kennen. Darüber werden schon die Kinder aufgeklärt. Nach der Vorstellung der Ureinwohner sind es die Urväter, die für die Empfängnis und die Zugehörigkeit zu den entsprechenden Totemstämmen zuständig sind.

Nachdem die Urväter ihre Wanderung auf der Erde vollendet hatten, kehrten sie in unterirdische Höhlen zurück und lebten dort bis heute weiter, wobei sie ihre Leiber in Felsen, Bäume, Sträucher oder Tiere verwandelten. In diesen Naturgeschöpfen – besonders auch in Mistelzweigen, die auf solchen Bäumen wachsen, oder auch in fischreichen Wasserplätzen – leben die ungeborenen Kinder, sogenannte RATAPA, »kinderhervorbringende Keime«. Diese Kinderkeime sind vollkommen ausgebildete Knaben und Mädchen mit Leib und Seele, können aber von den Menschen nicht gesehen werden; nur die Zauberer können sie sehen. Je nachdem, zu welchem Naturobjekt die Urahnen in Beziehung stehen, gibt es zum Beispiel Känguruhvorfahren, die sich in einen Eukalyptusbaum verwandelt haben, mit Känguruhkeimen oder Opossumkeimen, die in einem Felsen sitzen oder sich in fischreichen Wasserlöchern tummeln und zu den Fischvorfahren gehören.

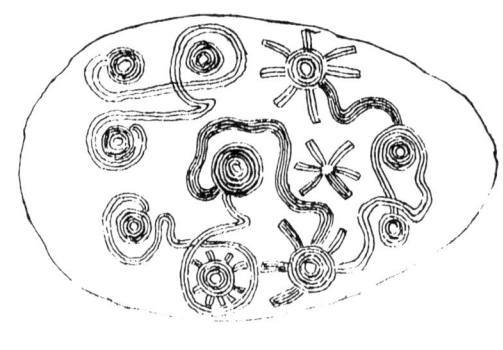

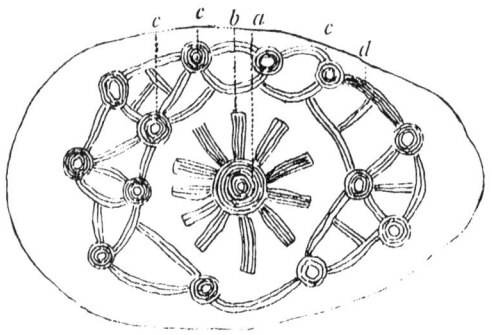

Das Opossum ist eine Beutelratte, ca 40 cm lang.
Imora [Opossum]-Tjurunga von dem großen Opossum-knalakala in
Ebmalkna. Eine Stein-Tjurunga: a: ein Eukalyptusbaum, b: dessen
Zweige; c: Lagerplätze des Opossums; d: die Wege, die das Opossum
gegangen ist.

Die Zugehörigkeit zu einem Totem

Geht eine Frau an einem Wasserplatz vorbei, an dem der verwandelte
Leib eines Vorfahren steht, so geht ein RATAPA, der schon nach ihr
ausgeschaut und in ihr seine Klassenmutter erkannt hat, durch ihre
Hüfte in ihren Leib ein. Dadurch wird der Frau übel, und sie bekommt
drückende Schmerzen. Wird das Kind dann geboren, so gehört es dem
Totem des betreffenden Urvaters an. Ist die Frau zum Beispiel an einem
Emu-Urvater vorbeigezogen und hat dort die ersten Zeichen der

Schwangerschaft wahrgenommen, dann ist ein Emu-Totem in sie eingegangen, so daß das Kind zu den Emus gehört und einen mit dem Totemnamen zusammenhängenden Rufnamen erhält, wie z.B. »Kleines Emu« oder »Emufeder«. Da die Schwarzen ein Wandervolk sind, das nach einigen Monaten immer wieder seinen Lagerplatz wechselt, kommt es nicht selten vor, daß die Kinder einer Familie den verschiedensten Totems angehören. Der älteste Sohn kann zum Beispiel dem Felsenkänguruh angehören, seine Schwester dem Totem der Wilden Katzen, während die jüngeren Geschwister dem Totem der Fische angehören.

Nach einer anderen Vorstellung besteht auch die Möglichkeit, daß der Urvater einer vorüberziehenden Frau ein kleines Schwirrholz an die Hüfte wirft. Das Holz dringt in den Körper der Frau ein und nimmt dort menschliche Gestalt an, während die Urahnen wieder in die Erde zurückkehren.

Es wird zum Beispiel berichtet, daß URBULA (der Schwarze) mit seiner Frau KALTIA, d.h. »Kleines Büschel«, in der Nähe von Arkororinja auf einem Platz lebte, wo vor Zeiten ein großer Eidechsenvorfahre in den Boden eingegangen war. In der Nacht kommt der Eidechsenvater aus dem Felsen hervor und begibt sich in die Nähe des Lagerplatzes des URBULA, wo er den Gesprächen der Campbewohner lauscht. In derselben Nacht träumt der Vater, daß der Urvater in der Nähe steht. Am Morgen erhebt er sich wie gewohnt vom Lager und geht auf die Jagd, wird aber an diesem Tage vom Urvater des Eidechsenvorfahren begleitet. Nachdem URBULA ein Känguruh gespeert hat, begibt er sich zu seinem Lagerplatz zurück, und zwar immer noch in Begleitung des Totemvorfahren, den er jedoch nicht sehen kann. Aber KALTIA, seine Frau, die ihren Gatten erwartet, sieht in einiger Entfernung vom Lagerplatz zwei Männer kommen, von denen der eine plötzlich spurlos verschwindet, während URBALA sich dem Lagerplatz nähert. Nach Hause zurückgekommen, gibt er seiner Frau etwas Fleisch, nach dessen Genuß sich bei ihr Übelkeit und Erbrechen einstellen.

Am nächsten Tag geht die Frau an den Felsen von Arkororinja und sieht dort einen Mann stehen, der sich mit einem Stirnband geschmückt hat und einen Stock trägt. Der Totemvorfahre wirft KALTIA ein Schwirrholz an die Hüfte und verschwindet wieder in der Erde. Das Schwirrholz geht als Kinderkeim in KALTIA ein und nimmt dort menschliche Gestalt an. Zum Lagerplatz zurückgekehrt, verzehrt die Frau etwas Brot, worauf sie drückende Schmerzen im Leib verspürt. Sie sagt deshalb zu ihrem Mann: »Ich empfinde einen Druck im Leib.« Der Mann fragt sie: »Wo bist du gewesen?« Die Frau antwortet: »Ich bin am Rande des Felsens gewesen. Dort habe ich einen Mann mit einem Stirnband vor mir stehen sehen. Obwohl ich ihn gesehen habe, habe ich nichts mit ihm zu schaffen gehabt. Als ich Brot backte, fühlte ich Schmerzen und einen Druck im Leib.« Darauf erwidert ihr Mann: »Du hast ein Kind empfangen.«

Nachdem die Frau das Kind geboren hat, kommt der Großvater, der Vater des URBULA, und fragt zunächst seinen Sohn: »Von wo ist dies Kind empfangen worden?« Darauf antwortet er: »Von Arkororinja ist es mitgegangen«, und seine Frau fügt hinzu: »Ich habe am Rande des Felsens gefühlt, daß meine Beine steif wurden.« Nach dem Empfängnisplatz gehört dieses Kind somit zum Totem der Großen Eidechse, weil der Eidechsenurvater der spirituelle Vater des Kindes ist.

Die Arandas stellen sich verschiedene Arten der Kinderentstehung vor. Entweder geht von einem Mistelzweig, einer Felsspalte oder einem Wasserloch ein vollständig ausgebildeter Knabe oder Mädchen in die vorübergehende Frau ein, oder der Totemvorfahre selbst wirft einer Frau sein Schwirrholz an die Hüfte, wobei das Holz im Mutterleib dann Kindesgestalt annimmt. Beide Arten sollen gleich häufig sein.

Es gibt jedoch noch eine dritte Art, nach der Kinder entstehen können. Der Urvater kann nämlich eine Frau zuerst mit seinem Schwirrholz bewerfen, dann aber selbst in sie eingehen und so wiedergeboren werden. Die so erschaffenen Kinder sollen mit hellen Haaren geboren werden. Diese auf eine außergewöhnliche Art entstandenen Kinder übernehmen später große Führungsaufgaben bei den Ureinwohnern. Sie können entweder Zeremonienchefs oder Medizinmänner werden und stehen in besonderer Achtung.

Den Müttern wird eine große Bedeutung für die Zugehörigkeit zu den einzelnen Totemkulten beigemessen, da sie außerdem ihrem Kind ihre eigene Totemzugehörigkeit vererben. Ein Kind hat daher zwei Totemzugehörigkeiten, eine nach dem Ort seiner Empfängnis und eine nach der Zugehörigkeit seiner Mutter. Es kann an dem Kult der beiden Totems freiwillig teilnehmen. Um den Totemplatz eines Mannes zu erfahren, fragt man ihn: »Wo ist der Platz, wo du entstanden bist?« oder: »Wo ist

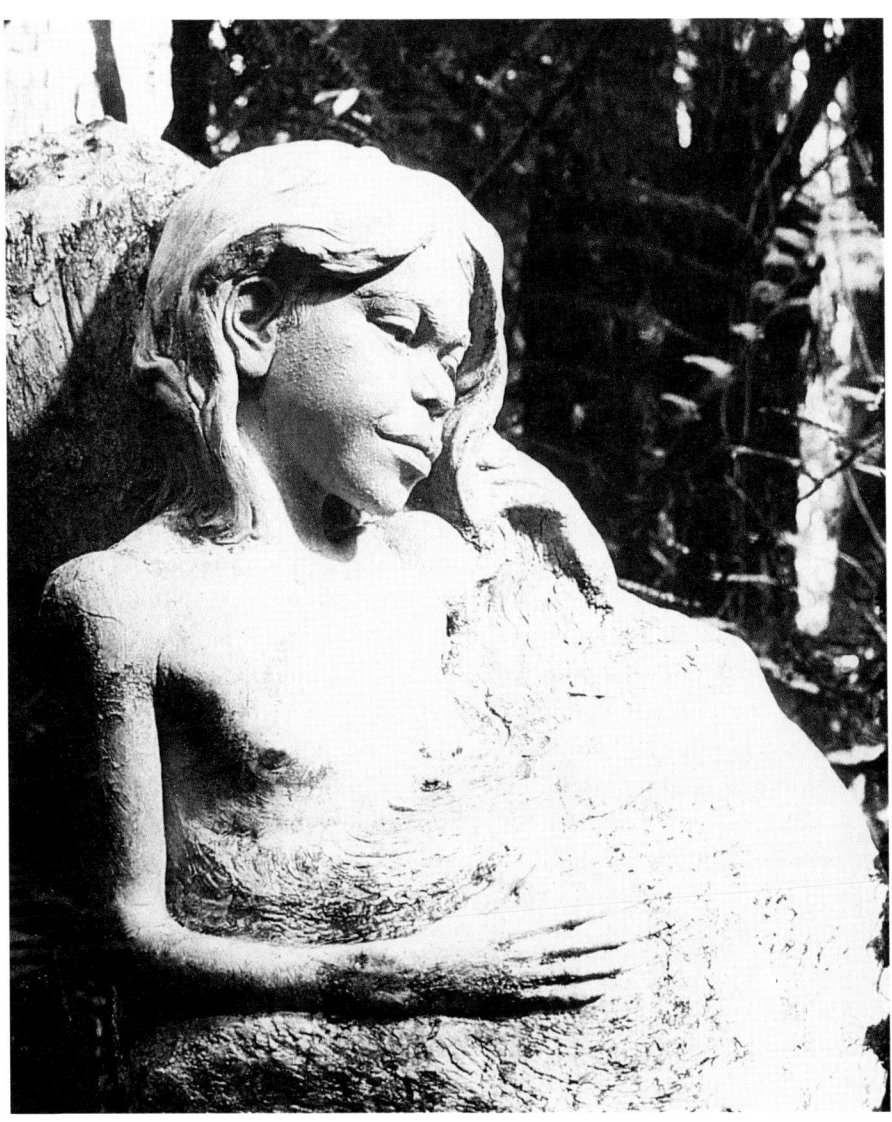

William Ricketts Sanctuary.
»Wo ist der Platz, da du ein Kind geworden bist?«

dein ewiger Platz?« Oder aber: »Wo ist der Platz, da du ein Kind geworden bist?« Will man aber seinen Geburtsort herausfinden, so richtet man an ihn folgende Fragen: »Wo ist der Platz, wo du deine Augen aufgeschlagen hast?« oder: »Wo ist der Platz, da du auf dem Boden gelegen bist?« Nach dem Totemplatz seiner Mutter erkundigt man sich mit der Frage: »Wo ist der Platz des mit dir verbundenen Totems?«

Jedes Kind gehört mittels einer Verbindung verschiedenen Totems an. Das jeweilige Totemtier, die -pflanze oder das -naturobjekt sieht es als seinen älteren Bruder an, dem man besonderen Respekt entgegenbringt. Der Genuß des betreffenden Tieres oder der Pflanze ist ihm ganz oder teilweise verboten. Ein Mann, der zum Beispiel zum Totem des Känguruhs gehört, darf ein solches Tier nicht brutal auf die Nase schlagen, so daß das Blut herausspritzt, sondern er darf ihm nur Schläge auf das Genick versetzen. Er darf sein Totemtier töten, jedoch möglichst schonend. Von diesem erlegten Wild darf er nur den Kopf, die Füße und die Leber verzehren; das übrige Fleisch muß er seinen Freunden abgeben. Ein Emutotem-Anhänger, der ein Emu gespeert hat, muß dessen Blut vorsichtig abwischen, damit er durch seinen Anblick nicht traurig wird; auch darf er von der Beute nur den Hals, die Lunge und die Leber essen, also die weniger schmackhaften Teile. Findet er ein Emunest mit Eiern, so ist ihm nur ein Ei zu genießen erlaubt. Gehört einer zu einem Fischtotem, so darf er nur wenige Fische verzehren. Stinkende Fische jedoch darf er nach Belieben essen. Andere Tiere und Vögel sind dagegen den Mitgliedern des betreffenden Totems vollständig verboten.

Wenn einer den Wilden Puter zum Totem hat, so darf er dessen Fleisch nicht essen, sondern muß den erlegten Vogel anderen Männern geben. Einem dem Adlertotem Angehörenden ist der Genuß dieses Vogels ebenso verboten. Ein Angehöriger des Moskitototems darf diese Insekten, auch wenn sie ihn aufs äußerste plagen, nicht töten, sondern die Mücken nur mit der Hand verscheuchen. Gehört einer zum Wasser- oder Regentotem, so ist mäßiger Genuß des Wassers erlaubt. Im Regen darf er nicht in seiner Hütte Schutz suchen, sondern muß den Kopf mit einem Schild bedecken und während des Regens im Freien stehen. Ein Mitglied des Mondtotems darf den Vollmond nicht lange betrachten, da ihn sonst der Tod von Feinden treffen würde.

Darf der Mann sein Totemtier eigentlich nur zum besten anderer töten oder muß er sich mit dessen schlechten Teilen begnügen, so ist es andererseits seine Pflicht, wie das schon die Totemvorfahren auf der Wanderung getan haben, für das Gedeihen und die Vermehrung seines Totems Sorge zu tragen. Dies geschieht durch die Teilnahme an den Zeremonien.

Die jungen Arandas nehmen nicht an, daß die Speiseverbote schon in der Urzeit gegolten haben, sondern daß diese ihnen später auferlegt wurden, und zwar in der Selbstsucht der Alten, die die besten Stücke für sich reservieren wollten. Um die jungen Männer von der heimlichen Übertretung des Speiseverbotes abzuschrecken, wird ihnen bei Genuß Krankheit oder frühzeitiger Tod in Aussicht gestellt. Die alten Männer machen sich jedoch keine Skrupel daraus, von ihren Totemtieren soviel zu essen, wie sie Lust haben.

Bei den Südarandas herrschte die Ansicht, daß die Kinderkeime aus Höhlen kommen, in denen die TJURUNGAS aufbewahrt wurden. Der Geist der Urväter rief aus diesen Höhlen, wobei sich die Frau umschaute, ohne etwas zu sehen. Sie glaubte aber, die Stimme des kleinen Babys in der Wüste zu hören, das ein Verlangen hatte, in sie einzugehen. Aber nur eine verheiratete Frau konnte diese Rufe vernehmen.

Die Bestimmung der Empfängnisstelle war daher von großer sozialer Tragweite für die Ureinwohner. Dieser Empfängnisvorgang legte auch schon frühzeitig die persönliche Stellung und die soziale Zugehörigkeit ein für allemal fest. Der eigentliche Geburtsplatz spielte bei den Ureinwohnern keine besonders große Rolle. Die wahre Heimat jedes Menschen war vielmehr die Gegend, wo er empfangen wurde und wo seine Urahnen im Goldenen Zeitalter aus der Erde erwachten und von Anfang an alles zum Leben gebracht hatten.

Die Geburt eines Kindes

Beim Eintritt der Wehen verläßt die Aranda-Frau ihren Lagerplatz und begibt sich auf den Platz der Frauen. Dort wird von ihrer Schwiegermutter eine Hütte aus Eukalyptuszweigen errichtet, in der sich die Schwangere niederläßt. Dabei wird sie von ihrer Schwägerin und ihrer Cousine sowie ihrer Tante begleitet, die ihr bei der Geburt des Babys Beistand leisten. Die Schwangere begibt sich in eine halbliegende Stellung, die Hände hinter sich auf den Boden gestemmt, wobei die anderen Frauen versuchen, durch Drücken und Niederpressen die Geburt zu beschleunigen.

Wenn das Kind samt Plazenta geboren ist, was gewöhnlich ohne Schwierigkeiten sehr schnell vor sich geht, wird heiße Asche auf den Leib der Mutter sowie auf die Nabelgegend des Kindes gelegt, um die Nabelschnur abzulösen. Sobald die Schnur abgetrocknet ist, wird das Neugeborene auf weichgeriebene Eukalyptusrinde gelegt. Ist die Nabelschnur abgetrocknet, wird sie mit einer Schnur umwickelt und um den Hals des Neugeborenen gelegt, wodurch dessen Wachstum gefördert werden soll.

Die Babypflege

Das neugeborene Kind ist von auffallend hellroter Hautfarbe wie bei Europäern. Erst nach einigen Wochen, in manchen Fällen nach einigen Monaten, beginnt sich das Baby zu bräunen. Um die Nachdunkelung zu beschleunigen und gleichzeitig bei der Wöchnerin eine stärkere Milchproduktion hervorzurufen, wird eine Räucherzeremonie veranstaltet. Dazu gräbt die Großmutter eine Grube, in die sie trockne Reiser und darüber eine Lage von Eukalyptuszweigen legt. Nachdem sie das Reisig angezündet hat, ruft sie die Mutter des Kindes herbei, die sich auf die Büsche setzt und ihr Neugeborenes auf den Schoß nimmt.

Während der von den grünen Sträuchern aufsteigende Qualm Mutter und Kind einhüllt, nimmt die Großmutter einige Eukalyptuszweige in die Hand und streicht damit an Gesicht und Oberkörper ihrer Schwiegertochter herunter, wodurch eine reichere Milchabsonderung bewirkt werden soll. Darauf nimmt sie das Kind vom Schoß seiner Mutter, die sich nun über das Feuer hockt, damit der Wochenfluß zum Stillstand kommt. Nachdem diese Zeremonie beendet ist, kehren beide Frauen zu ihrem Lagerplatz zurück.

Dort schneidet die Schwiegermutter der Wöchnerin mit einem Steinmesser das Haupthaar ab, während sie ihrem Enkel mit einem kleinen Feuerbrand die Haare absengt. Würde sie ihm die langen Haare, mit denen gewöhnlich die Kinder geboren werden, wachsen lassen, so würde der Böse kommen und das Neugeborene auffressen. Sie zieht ihrem Enkelkind mit Kohle einen schwarzen Streifen über den Leib und

Junge Aranda-Frau mit ihrem Baby vor einer Eukalyptus-Hütte.

das Gesicht, um es gegen das Böse zu feien. Sie drückt auch die Nase etwas ein, um es schön zu machen. Den Körper ihrer Schwiegertochter schmückt sie mit roter Farbe.

Der Vater des Kindes darf seine Frau während der Zeit, in der sie sich im Frauenlager aufhält, weder besuchen noch sein Kind sehen. Er ist jedoch verpflichtet, seine Frau mit Fleisch zu versorgen. Nach Ablauf einer Woche legt die Mutter ihr Kind wieder in eine mit Eukalyptuszweigen ausgepolsterte Holzmulde, die sie auf ihren Wanderungen mit sich trägt. Wenn sich die Wöchnerin etwa einen Monat im Frauenlager aufgehalten hat, so geht sie mit ihrem Kind zum Lagerplatz ihres Mannes zurück und nimmt dann ihre gewohnte Beschäftigung wieder auf.

Sind die Kinder der Mulde entwachsen, so werden sie auf der Hüfte, unter dem Arm getragen oder besser gesagt: Sie müssen auf der Hüfte reiten. Wenn die Frau auf der Wanderschaft zwei Kinder, ein kleineres und ein größeres, mit sich führt, so trägt sie das kleinere in der Mulde, während das größere Kind auf ihrem Nacken sitzt und seine Beine zu beiden Seiten der Brust herunterhängen läßt.

Die Ureinwohner stillen ihre Kinder sehr lange. Viele werden nicht vor ihrem vierten oder fünften Lebensjahr entwöhnt. Da in dieser langen Zeit nicht selten ein weiteres Kind geboren wird, kommt es vor, daß ein größeres Kind seinem kleinen Geschwisterchen die Nahrung wegstiehlt, ohne daß die Mutter es verbietet. Als Folge davon kann das kleinere Kind verkümmern, wenn es nicht gerade wegen allzu großer Vernachlässigung zu Grunde geht.

Die Namengebung

Nach Ende des ersten Lebensjahres beginnt gewöhnlich das Kind zu laufen und bekommt jetzt erst seinen Namen. Der Großvater hat das Recht, dem Kind einen Namen zu geben. Er wählt gewöhnlich den Namen des Urvaters, der die Mutter mit seinem Schwirrholz beworfen haben soll. Ein Urvater des Beutelmarders bekommt danach den Namen CHILPA, einerlei, ob es ein Knabe oder ein Mädchen ist, denn spezielle männliche oder weibliche Namen unterscheiden die Arandas nicht. Ist der Kinderkeim aus einer Emufeder, so wird das Kind den Namen »Emufeder« erhalten.

Nicht selten ist es jedoch auch eine körperliche Eigentümlichkeit, die bei der Wahl des Namens bestimmend ist. Wenn z.B. ein Kind mit einem ungewöhnlich großen Mund geboren wird, so erhält es wohl den wenig schmeichelnden Namen »Großmaul«. Ein Mädchen, das im ersten Lebensmonat Geschwüre am Kopf hat, erhielt den wohlklingenden, aber nicht gerade begehrenswerten Namen »Stinkender Kopf«, und ein Junge, der in seiner Kindheit an einem Ohrfluß litt, den Namen »Stinkendes Ohr«. Ein anderes, das mit kurzen, aber sehr breiten Füßen geboren wurde, erhielt den Namen »Hundefuß«.

William Ricketts Sanctuary.
Fröhlich und unbeschwert war die Kindheit der Ureinwohner.

Die glückliche Kindheit

Bis zu ihrem 14. Lebensjahr erlebten die Kinder eine glückliche und unbeschwerte Kindheit. So fröhlich und spontan wie in Zentralaustralien konnten die Kinder nirgendwo auf der Welt aufwachsen, spielen und sich in ihrer natürlichen Umgebung aufhalten. Kein anderes Volk auf der Welt schien seine Kinder so sehr zu verwöhnen und zu lieben wie die Ureinwohner. Dabei tolerierten die Eltern ein großes Maß an Freiheiten und Ungezogenheiten ihrer eigenen Kinder. Doch die Kinder wußten, daß es eines Tages damit vorbei sein würde und sie unerhörte Mutproben zu bestehen hatten.

Daher saßen sie auch schon früh am Lagerfeuer und nahmen mit ihren bloßen Fingern glühende Holzkohlen heraus, um sie an ihren zarten Körper zu drücken und sich selbst Brandwunden zu setzen. Außerdem nahmen sie scharfe Steine oder Glasscherben und ritzten sich die Hände auf, um sich blutige Verzierungen und Narben als Schmuck beizubringen.

Die Kinder wurden von ihren Eltern weder geschlagen noch vernachlässigt oder in irgendeiner Weise unterdrückt. Spielerisch konnten sie sich auf die Welt der Erwachsenen vorbereiten. Das offene Lagerleben und der Lebensstil der Ureinwohner gaben den Kindern viel Gelegenheit, die Erwachsenen zu beobachten und sie nachzuahmen. Spiele wie Essenkochen, Jagen oder das Nachahmen des Lagerlebens waren an der Tagesordnung. Aber auch die erotischen Spiele der Erwachsenen amüsierten die Kinder, wobei sie selbst spielten, Mann und Frau zu sein, Kinder zu bekommen, oder heimliche Liebeszärtlichkeiten austauschten. So wurde die Sexualität schon von den Kindern als etwas ganz Natürliches angesehen.

Im Alter von acht bis zwölf Jahren veränderten sich die wunderbaren Freiheiten zwischen Mädchen und Jungen, wobei sich die Mädchen nun häufiger bei dem Frauenlager oder in der Nähe ihrer Mutter oder Großmutter beim Pflanzensammeln oder Kochen aufhielten. Die Knaben begaben sich ins Männerlager und verbrachten die Zeit mit Jagdspielen und Spurensuchen. Sie begannen auch, die ersten Geheimnisse ihrer Religion kennenzulernen. Bis zu diesem Zeitpunkt lebten die Kinder ohne Zeremonien und heilige Gesänge.

In der Zeit der Pubertät wurde den Knaben die Nasenscheidewand durchbohrt, damit man einen Nasenknochen hindurchschieben konnte. Im selben Alter ließen sich die Heranwachsenden auf ihrer Brust und auf dem Rücken auch Narben durch Wunden einritzen, bis das Blut floß. In diese Wunden streute man Vogeldaunen und weichen Sand; später wurden die Narben mit Fett eingerieben, damit sie auch deutlich zu sehen waren. Die vielfach auftretenden »Ziernarben« sollten beim anderen Geschlecht erotische Begierden hervorrufen.

Die Jungen verbrachten ihre Kindheit in der Gemeinschaft mit den
Frauen. In der Pubertät wurden sie von ihren Familien getrennt, um
durch die Initiationsrituale nocheinmal von den Männern zu einem
lebenstüchtigen Mann »wiedergeboren« zu werden.

Das Ausschlagen eines oberen Schneidezahnes

Unter den Gesängen der Alten wurde den Jungen in der Pubertät in einer ersten Zeremonie einer der oberen Schneidezähne mit einem Steinhammer herausgeschlagen. Dabei sangen sie: »*Eine Zahnlücke schlug er ihm, den Zahn schlug er ihm heraus!*« Nachdem der Junge den Zahn einige Wochen lang mit sich herumgetragen hatte, warf er ihn in die Richtung, wo sein Urvater angeblich wohnte, und zwar mit den Worten: »*Du Zahn, kehre zuerst zurück nach dem Urvater und lasse das Wasser hervorquellen. Ich werde später auch heimkehren.*«

Das war bereits die erste Anspielung darauf, daß der Geist des Menschen nach seinem Tod zunächst zu seinem Grab geht, wo er sich so lange aufhält, bis die zweite Trauerzeremonie vorbei ist. Danach begibt sich die Seele zum Urvater und holt sich dort wieder seinen Zahn ab, der ihm den Weg zur Toteninsel zeigt. Von dort kehrt er mit dem Zahn zurück und drückt ihn einem seiner früheren Lagerkameraden in den Arm oder ins Bein, worauf jener sehr krank wird. Nur der Zauberdoktor kann diesen Zahn wieder entfernen.

Die Spiele der Kinder

Die Spiele der Aranda-Jugend bestanden hauptsächlich in der Nachahmung der Alten. Wenn mehrere Kinder zusammenkamen, vergnügten sie sich mit Fingern und Händen, um Eindrücke in den Sandboden zu machen, um Fußspuren bestimmter Tiere oder Menschen nachzuahmen. Die Fünfjährigen fertigten sich bereits kleine Speere, um jagen zu gehen. Mit den Speeren warfen sie auf rote Termitenhügel, die rote Känguruhs darstellen sollten. Darauf trugen sie sie auf ihren Köpfen heim und zerlegten sie auf ihrem Spielplatz. Sie teilten die Beute untereinander.

Die großen Jungen gingen zu den Wasserlöchern, speerten Fische, kleine Eidechsen oder Säugetiere, grillten sie auf dem Spielplatz und teilten sie mit den ihnen zur Ehe versprochenen Mädchen, von denen sie als Gegengeschenk Pflanzen, Samen und Wurzeln empfingen. Die großen Mädchen spielten mit Eukalyptus- und Feigenblättern eine Art Orakelspiel, um ihre Zukunft zu erfragen. Diese Spielereien erinnern an das Zerpflücken eines Gänseblümchens durch Kinder unserer Breitengrade mit den Worten: »Er liebt mich von Herzen, mit Schmerzen, auf ewig, ein wenig, gar nicht.«

Bei den Spielen der Mädchen wurden auf der einen Seite geglättete Eukalyptusblätter eingesteckt, die den Lagerplatz der Männer repräsentieren sollten, und Feigenblätter, die den Lagerplatz der Frauen darstellten. Darauf ließen sie ein Blatt vom Lagerplatz der Männer zu den Frauen wandern und riefen aus: »Oh weh, dieser Mann will mich heiraten, Mutter halte mich fest.« Nachdem sie auch die anderen Blätter herausgezogen hatten, baten sie die ALJIRA-Göttin, ihre Zukunft zu enthüllen, und fragten, wie viele Kinder sie in ihrer Ehe zu erwarten hatten und ob sie von ihrem Ehemann Prügel bekommen würden.

V.

Der schmerzhafte Tanz der Initiation

»Erst wenn sich durch Schmerz, Verzweiflung
und Aussichtslosigkeit der Hunger und Durst
in uns so gesteigert haben wird, daß wir nicht
mehr gewillt sind, sie auszuhalten, werden wir
alles fallenlassen, was uns lieb und teuer war.
Und erst, wenn wir nichts mehr in den
Händen haben, wird uns alles geschenkt, um
das wir ein ganzes Leben lang verzweifelt
gerungen haben.«
(Walter H. Lechler: So kann's mit mir nicht weitergehen!)

Das kreisrunde Bodenbild aus Blut und Federn symbolisiert das Tor,
aus dem in der Schöpfungszeit das Känguruh aus der Erde kam und
heute wieder durch das Feiern der Zeremonien in die Mitte gerufen
wird. Die Anwesenheit des göttlichen Känguruh-Urvaters strahlt auf
alle Anwesenden und verleiht ihnen Kräfte für ihr tägliches Leben.

Der Sinn der Initiationsrituale

Wer die folgenden Initiationsrituale unvorbereitet liest und sie aus der Sicht unserer abendländischen Kultur bewertet, wird dies entsetzt zur Seite legen, weil sie so grausam erscheinen. Recht betrachtet aber waren die Initiationszeremonien für die jungen Ureinwohner das wirksamste Training, um vollständiges Mitglied eines Wüstenvolkes zu werden. Die alten Ureinwohner wußten, daß man kein Mitgefühl für die Schöpfung und die Mitmenschen entwickeln konnte, wenn man nicht selbst am eigenen Leib Leid und Schmerz erfahren und erduldet hatte. Wer durch dieses »Tal der Tränen« gegangen war, fürchtete sich vor nichts mehr, nicht einmal vor dem Tode.

Die Erziehungsmethode der Schwarzen Australier war die radikale Befreiung von aller Sucht und Gier. Im Ertragen von Schmerz und Leid konnten die jungen Menschen alles loslassen, was sie bisher gesehen und erlebt hatten. Die Ältesten nutzten dieses Vakuum geschickt, indem sie in dieser Situation ihren Kindern das Kostbarste und Schönste aus ihrer Naturreligion schenkten: die Liebe zur Schöpfung und zu den Geschöpfen.

So lernten die Kinder auf wirkungsvolle Weise das Mitgefühl und die Verbundenheit füreinander und miteinander. Außerdem wurden sie durch das Annehmen von Schmerz und Leid mit soviel Kraft, Stärke und Zähigkeit ausgerüstet, daß sie in der Erbarmungslosigkeit und Einsamkeit der australischen Wüste überleben konnten.

Aus zehnjähriger Erfahrung mit dem Hildegard-Fasten (3) kann ich bestätigen, daß auch wir noch heute einen ähnlichen tiefgreifenden Sinneswandel erleben können, wenn wir uns gemeinsam einer »Wüstenlandschaft« im Fasten aussetzen.

Einweihungszeremonien der Arandas

Abgesehen von der naturbedingten Härte des Wüstenlebens, wuchsen
die Kinder unter der vollständigen Liebe und Zärtlichkeit ihrer Eltern
auf, ohne dauernd durch Strafe oder Liebesentzug korrigiert zu
werden. Erst zu Beginn der Pubertät wurden die Jungen und Mädchen
voneinander getrennt und entweder von den Männern oder den Frauen
in ihren eigenen Zeremonien unterrichtet. Insbesondere die Jungen
spürten die vollständige Härte dieser Trennung, weil sie nun wie im
Versteck in der Einsamkeit der Wüste leben mußten. Dabei gingen die
Alten mit geschickter pädagogischer Weisheit vor und setzten in abge-
wogener Dosis Schmerzen, Gewalt und Verzicht ein, um aus den sorg-
losen Kindern verantwortliche Männer zu machen, indem sie sie in ihre
alte Religion einführten.

Der Wunsch, endgültig ein Mann zu sein, war die größte Motiva-
tion, um die Gesänge, Tänze und Zeremonien zu lernen. Die Religion
offenbarte den Heranwachsenden das Verständnis für den Sinn ihres
Lebens und zeigte ihnen den geheimnisvollen Zusammenhang von
Mensch, Natur und Geschichte. Am Ende dieser Einweihungszeremonien war aus einem Kind ein Mann geworden, der aktiv am Stammes-
leben teilnehmen konnte. Es war ihm gestattet, zu heiraten und mit im
Stammesrat der Alten zu sitzen, um über Krieg und Frieden zu
entscheiden, um über die Elemente zu herrschen und Wind, Feuer und
Regen zu machen. Behutsam wahrten die Menschen die Landschaft,
die Pflanzen und die Tierwelt, weil sie selbst für deren Vermehrung
verantwortlich waren. Das Leben und die Landschaft wurden nicht
über das lebensnotwendige Maß hinaus belastet, d.h., man beließ die
australische Landschaft, die Tiere und die Pflanzen weitgehend so, wie
sie erschaffen waren.

Wie in vielen anderen Religionen, so war auch bei den Arandas die
Anwesenheit der Götter nicht ohne Blut zu erreichen. Der Preis,
unsterblich zu sein und übernatürliche Kräfte zu haben, ließ sie alle
Schmerzen und Strapazen vergessen. Erst nach einer blutigen Zeremonie fühlten sich die jungen Aranda-Männer gereinigt und gewür-
digt, ein Teil der unsterblichen und ewigen spirituellen Welt ihrer
eigenen Urväter zu sein. Bei den Arandas gab es auch eine lange Tradition zwischen Reinigung und Versöhnung durch Blut und Opfer. Die

Die alten Männer, obwohl sie nicht mehr Jagen gehen konnten,
verloren keinesfalls an Wert für die Gemeinschaft. Ganz im Gegenteil
waren sie geschätzt und verehrt, da sie stets mehr Weisheit und
Wissen über die heiligen Gesetze und die Stammesreligionen besaßen.
Dieses Wissen war die Grundlage für das Wohlergehen der Gemeinschaft.

Arandas brachten selbst ihre Blutopfer dar, während beispielsweise aus
dem Judentum Tieropfer bekannt sind, wie sie im 3. Buch Moses
beschrieben werden.

Die Einweihungszeremonien und Erziehungsmaßnahmen dienten
gleichzeitig dazu, einen gegenseitigen Generationenvertrag abzu-
schließen: Die Jungen versorgten die Alten jahrelang mit frischgejagtem Fleisch, damit die Alten sie in die Geheimnisse ihrer Religion
einweihten und ihnen das Lebensnotwendige beibrachten, um überhaupt das Nomadenleben zu meistern.

So faszinierend die Wüste auch ist, sie ist zugleich ein Land ohne
Schatten, mit erbarmungsloser Hitze, das den Menschen körperliche
Strapazen abverlangt, denen längst nicht alle gewachsen waren. Es
gehört ein guter Orientierungssinn dazu, sich in einer Landschaft ohne
Bäume und Markierungen zurechtzufinden. Es gibt weder Berge noch
Ziele, an denen man sich als Fremder orientieren kann, und viele sind
in eine Katastrophe gelaufen, weil sie die richtige Richtung verfehlten.

Der Einweihungskult war die Basis für das Überleben und verschaffte
den jungen Ureinwohnern außerdem Anerkennung, einen festen Halt
sowie einen Sinn für ihr ganzes Leben.

Lernen ohne Zwang

Die Lieder und Gesänge waren für die Aborigines der einzige wahre
große Schatz, und die Jugendlichen waren brennend daran interessiert,
sie von den Alten zu lernen, obwohl sie keinesfalls dazu gezwungen
wurden. Im Vergleich zu unserem Schulsystem war das ein nicht zu
unterschätzender pädagogischer Vorteil, wenn man bedenkt, unter
welchem Druck die Kinder in unserer Kultur lernen müssen. Das
höchste Lebensziel bestand darin, die Lieder und Verse zu erlernen und
sie dadurch in Besitz zu nehmen, denn nur durch die Gesänge ließen
sich die Urkraft und die Allmacht der Urväter auf einen selbst übertragen.
   Die Lehre von der Reinkarnation verlieh den Arandas das Gefühl
persönlicher Zugehörigkeit und Geborgenheit sowie sittlicher Überle-
genheit, ähnlich wie die Zugehörigkeit zum Hochadel im frühen
Mittelalter. Mit zunehmendem Alter wurden sie nicht nur reicher an
Mythen und Tänzen, sondern auch ihr Wortschatz nahm immer mehr
zu. So unterschied sich die Sprache der Nichtinitiierten gewaltig von
der der eingeweihten Männer.
   Zwischen dem 14. und dem 16. Lebensjahr wurde den Novizen zum
erstenmal erlaubt, an den Zeremonien auf dem PULLA-Zeremonien-
platz teilzunehmen. Unter der Aufsicht und Führung ihrer älteren Klas-
senbrüder wurden sie nun Schritt für Schritt ins Leben der Männer
eingeweiht. Dazu mußten sie nicht nur die heiligen Lieder lernen,
sondern auch die heiligen Gesänge verstehen. Die Lernmethode
bestand darin, die Lieder und Gesänge zu wiederholen und die Tänze
nachzuahmen:
   »Wir sangen vom Gebirge und den Tieren, die in der Wüste lebten
und kämpften. Wir lernten die Verse über den Sonnenaufgang und
wiederholten den Gesang der Vögel im Morgengrauen. Wir tanzten
wie goldene Sonnenstrahlen, die die Spitzen des Spinifexgrases am
Gebirge versilberten. Danach lernten wir die Namen und das Aussehen
unserer Urväter kennen und sangen Lieder über ihre langen Haare,

Während der gesamten Initiationszeit trugen die jungen Männer nach
altem Brauch ihre Haare wie eine Hülle nach hinten eingebunden. Die
Initiationsriten waren zum Teil furchterregend und schmerzhaft und
die erste Bewährungsprobe für die neue Männlichkeit. Gleichzeitig
lernten die jungen Männer von den alten Weisen die heiligen Lieder,
Tänze und die heilige Geheimreligion.

deren Locken vom Kopf fielen wie Wasser vom Himmel. Danach
lernten wir, wie man Wallabys jagt und wie man noch mehr Felsenkän-
guruhs erzeugen kann, indem man von der KARORA-TJURUNGA Stein-
staub abrieb und den Staub wie Felsenkänguruh-Keime über die Wüste
verstreute.«

Alle Novizen, die ihre Verse gut gelernt hatten, erhielten von ihrem Lehrer noch eine abschließende Belohnung. Sie bekamen die letzten und heiligsten Verse der KARORA-Gesänge zu hören und erfuhren den Geheimnamen des blinden KARORA-Urvaters. Nur fleißige Schüler durften diese Geheimnisse erfahren, nicht aber faule Schüler, die immer nur Frauengeschichten im Kopf hatten.

Die Qualen der Initiation waren für die Arandas die unerläßliche Voraussetzung, um in die Reihen und in den Rang vollreifer Männer aufgenommen zu werden. Erst dann war es möglich, eine Ehe einzugehen. Durch die schmerzhafte Behandlung sollten die zuvor an keinen Gehorsam gewöhnten Jungen unter die Autorität der Alten gebracht werden. Mit den grausamen Riten hatten sie eine Methode, die Ausgelassenheit und Unbotmäßigkeit der in die Flegeljahre eingetretenen Jungen zu steuern und ihnen die Autorität, deren Willen jetzt maßgebend für sie war, zu Bewußtsein zu bringen.

Durch die Beschneidung sollte der sexuellen Aktivität der jungen Leute Grenzen gesetzt werden; daher wurden die Zeremonien an den betreffenden Jugendlichen in der Zeit vorgenommen, in der der Geschlechtstrieb erwachte. Schließlich mußten die jungen Männer in ihren besten Jahren auf die ihnen versprochenen Frauen warten, bis sich die ersten grauen Haare in ihrem Barte zeigten, oder es wurden ihnen alte Frauen zugeteilt, während die alten Männer das Privileg für sich in Anspruch nahmen, so viele junge Frauen zu heiraten, wie sie Lust hatten. Mit einem Wort: Je älter die Männer wurden, um so jüngere Frauen hatten sie.

Der Abschied von der Kindheit

Zu Beginn der Initiation führte der ältere Bruder seinen jüngeren Bruder von seiner Mutter fort, deren Aufsicht er bisher anvertraut war. Die Entführung sollte in dem Jungen das Schamgefühl erwecken, das nach Ansicht der Ureinwohner darin bestand, den Verkehr mit den Frauen und größeren Mädchen zu meiden. So wurde dem Jüngeren auch befohlen, von jetzt ab dem Lagerplatz seiner Mutter und dem der anderen Frauen fernzubleiben und sich auf den Lagerplatz der unverheirateten Männer zu begeben. Hier wurde der Junge am ganzen Körper bemalt, der Oberkörper mit Fett eingerieben, und von jeder

Schulter ausgehend über die Brust hinweg wurden schwarze Streifen aufgetragen, die an beiden Seiten mit roten Strichen umsäumt waren.

Nachdem der Junge bemalt worden war, stellten sich die Männer auf einem nahegelegenen Platz reihenweise auf und bewegten ihre Hände, den Handteller nach oben haltend, auf und nieder, worauf zwei den Jungen heranführten. Sobald sie in die Nähe der Versammelten gekommen waren, stießen sie langgezogene Laute aus. Plötzlich ergriffen die Männer den Jungen und warfen ihn in die Höhe. Beim Herabfallen versetzten sie ihm Schläge auf Brust und Rücken, bis ihm das Blut aus Nase und Mund herausfloß. Dann warfen sie ihn wieder in die Höhe und fingen ihn auf, und so fort. Während dieser Zeremonie tanzten die im Osten stehenden Frauen auf und ab und riefen »wauwauwau«. Dadurch sollte symbolisch dargestellt werden, daß der Junge sehr hoch wachsen möge, während die bei dieser Gelegenheit erhaltenen Schläge dem Knaben Furcht vor den alten Männern einflößen sollten.

Den Jungen, der von nun an als sittlich gut bezeichnet wurde, schickte man mit dem Auftrag fort, in der Nähe ein Feuer zu machen und sich für einige Tage außerhalb des Lagerplatzes aufzuhalten. Hier konnte sich der Novize von seinen Qualen erholen. Die Kopfhaut war aufgeschlitzt, mit starken Stöcken blutig geschlagen und gebissen von den Alten, bis deren Haare und Backen vor Blut trieften. Der so behandelte Junge empfand unerträgliche Schmerzen, wie in der folgenden Schilderung zum Ausdruck kommt:

»Ich biß meine Zähne zusammen und jammerte von Zeit zu Zeit. Ich habe nicht laut geschrien. Mein Gehilfe konnte die Schmerzen nicht hören. Große Tränen rollten über meine Backen. Dann aber wuchs mein Haar gewaltig und fiel massenhaft herunter. Kein junger Mann der jetzigen Aranda-Generation würde die Schmerzen aushalten, die die jungen Leute über sich ergehen lassen mußten.«

Der Liebeszaubertanz – eine Methode, um Mut zu machen

Für den Liebeszaubertanz wurden die Männer prächtig geschmückt. Sie zogen sich rote, von den Knien bis zu den Schultern reichende Streifen, an denen sie weiße Streifen mit Strohblumen befestigten, und rieben sich den Körper mit weißem Kalk ein. Darauf wurde ein langes

Bäumchen in den Boden gesteckt und in der Nähe eine kleine Hütte aus Eukalyptuszweigen errichtet, die einigen geschmückten Männern zum Aufenthalt diente. Außerdem benötigte man für diesen Tanz eine KARAKARA, ein hölzernes Musikinstrument ähnlich einer Trompete, das man aus einem hohlen Ast anfertigte. Der Liebeszaubertanz hatte den Zweck, dem Beschneidungskandidaten Mut einzuflößen und in den anwesenden Frauen eine Art Liebeszauber zu wecken, um in ihnen eine größere Begierde nach den mitwirkenden Männern zu erwecken.

Nachdem die Frauen und Kinder herbeigerufen worden waren, stellten sich die Männer alle in einer Reihe nebeneinander auf und stampften im Takt mit den Füßen abwechselnd auf den Boden. Darauf kletterte ein geschmückter Mann an dem Stamm des Baumes hinauf, setzte sich oben hin und und ließ die Beine über die Aststümpfe herunterhängen. Mit der KARAKARA ließ er laut brummende Töne erschallen, damit in den anwesenden Frauen eine Begierde nach dem Darsteller, der so schön blasen konnte, erweckt wurde. Während die übrigen Darsteller, Stöcke in der Hand haltend, auf den Boden stampften und mit ihren Stöcken schlugen, sangen die Zuschauer weiter:

> *Die weißbemalten Darsteller stellen sich in langer Reihe auf,*
> *Die weißbestrichenen Namensstöcke in den Händen.*
> *Mit der Fußsohle stampfen sie den Boden.*
> *Die Knie heben sie abwechselnd hoch und stehen stampfend da.*
> *Mit dem Federschmuck stehen sie stampfend da.*
> *Mit den Stöcken schlagen sie den Boden,*
> *Mit den Stöcken schlagen sie den Boden.*
> *In den Kopfschmuck haben sie Mulgazweige gesteckt,*
> *In den Kopfschmuck haben sie Mulgazweige gesteckt.«*

Danach veränderten die geschmückten Männer ihre Stellung, so daß einer hinter dem anderen zu stehen kam. Während sie jetzt auf den Boden schlugen, erschallte der Gesang der Männer, Frauen und Kinder: »Hintereinander stehend schlagen sie den Boden, hintereinander stehend schlagen sie den Boden.«

Darauf gingen die Geschmückten, einer hinter dem anderen, in einem großen Bogen um den großen Baum herum, während der Gesang erschallte: »Geh im Kreis herum, geh im Kreis herum.« Zum

Schluß setzten sich alle zum Schlußgesang auf den Boden und sangen: »Ihr alle setzt euch ausbreitend auf den Boden, setzt euch nieder.« Dann wurde der Baum wieder herausgezogen und versteckt, damit ihn niemand mehr finden konnte.

Die Beschneidungszeremonie

Nach weiteren ein bis zwei Monaten wurden die Novizen der wichtigsten Einweihungszeremonie, der Beschneidung der Vorhaut (Circumcision), unterworfen. Dieses Ritual war eine unausweichliche Vorbedingung, um aus einem Jungen einen Mann zu machen. »Aranda« heißt: »einen Mann aus dem Jungen machen«, »die Vorhaut abschneiden«, »den Penis aufschneiden«. Die Urahnen selbst hatten diesen Kult ins Leben gerufen. MALBANKA, der große Held der Arandas, hatte alle seine Söhne selbst beschnitten, um aus ihnen volle Männer zu machen. Blut mußte fließen, und Schmerzen mußten ausgehalten werden, damit den Novizen erlaubt wurde, die übernatürlichen Kräfte der Urahnen zu erhalten. Dazu ritzten die Alten selbst den Jungen mit scharfen Knochen den Kopf auf, und erst als das Blut floß, konnten Federn in seinen Kopf eingesteckt werden. Bei diesen schmerzvollen Leiden durfte der Junge keine Miene verziehen und auch nicht weinen. Alle initiierten Männer beschrieben, daß die Schmerzen dieses Kultes den eigenen Mut überstiegen und es einen Moment gab, in dem sie sich, ohnmächtig vor Schmerzen, aufgegeben hatten. Aber sie wußten alle, daß sie diese Schmerzen durchstehen mußten. Es war in der Tat noch viel schmerzvoller, als sie es sich in ihren kühnsten Vorstellungen gedacht hatten.

Die Jungen standen an der Schwelle zum Mannsein und mußten mit 15 oder 16 Jahren die Schmerzen aushalten, die ein erprobter Krieger im 30. Lebensjahr nach erfolgreichem Kampf zu überstehen hatte. Die Jahre solcher Praxis waren notwendig, um ihnen beizubringen, daß sie eines Tages noch viel stärkere Schmerzen zu erdulden hatten. Ohne auch nur einen Schrei mußten sie den Schmerz über sich ergehen lassen, auch wenn Tränen aus den Augen flossen, aber selbst das war schon ein Fehler. Kein Zweifel, daß diese Männer ohne Jammern und Klagen die größten Strapazen, Durst und Hunger in der Wüste tage- und wochenlang ertragen konnten! Beschneidungsrituale finden sich bei allen

Naturvölkern der ganzen Welt, in Australien und Afrika ebenso wie bei den Arabern und bei den Juden.

Kräftige Lieder mußten gesungen werden, um die Jungen zu betäuben und auch als ein Stimulans für die Männer, die diese Operation ausführen mußten. Die Verse wurden bei dieser Zeremonie immer wütender, in einem gehackten Ton mit wildem Gesichtsausdruck vorgetragen, fast donnernd, mit tiefem, lautem Gesang. Erst als alles vorbei war, besänftigten die Verwandten des Jungen ihn mit ihrem Mitleid. Keiner konnte ohne diesen Ritus in das geheimnisvolle Leben der Männer gelangen.

Die Männer zeigten dem Novizen ein ganzes Feuerwerk geheimer Zeremonien, um ihn von den bevorstehenden Schmerzen der Beschneidung abzulenken. Dazu gehörten der Känguruh-Kult, weil vor Zeiten ein Känguruh-Urvater die Beschneidung selbst ausgeführt hatte, und der Habicht-Kult, da es Habichtsmänner waren, die die in Vergessenheit geratene Beschneidung wieder eingeführt hatten. Außerdem zeigten sie den Fledermaus-Kult, weil in der Urzeit auch viele Fledermausmänner die Kulthandlung verbreiteten und sie andere gelehrt hatten. Außer diesen wurden noch andere Zeremonien aufgeführt, je nachdem, wie es die alten Männer für gut befanden.

Sobald es Abend geworden war, wurden die Frauen und Kinder herbeigerufen, die nunmehr mit der Aufführung des Frauentanzes begannen. Während sich der Novize mit untergeschlagenen Beinen auf den Boden setzte und sein Gesicht in die verschränkten Arme hineindrücken mußte, so daß er wohl alles, was vor ihm war, hörte, aber nichts sah, tanzten die Frauen vor ihm den Frauentanz. Auch die zukünftige Frau und die Schwiegermutter des Novizen waren dabei anwesend. Der Frauen- und Mädchentanz dauerte die ganze Nacht hindurch. Bei Tagesanbruch wurde dem Novizen befohlen, sich nicht zum Lagerplatz zurückzubegeben; die Frauen und Kinder wurden weggeschickt, wobei die Männer mit lauten Stimmen sangen: »*Der Erdboden erdröhnt, der Erdboden erdröhnt, von dem lauten Gesang, von dem lauten Gesang.*«

Nachdem die Männer die Frauen und Kinder fortgeschickt hatten, holten sie sich Eukalyptuszweige, um den Zeremonienplatz abzustecken. Auf dem Platz A durften nur die Frauen und Kinder Platz nehmen. An dem langen Platz B wurde später die Beschneidung durchgeführt. Dieser Platz war an den Längsseiten mit Erde wallartig aufge-

häuft. Östlich und westlich davon wurde ein kreisförmiger, von
Norden nach Süden laufender Schutzzaun aus Eukalyptuszweigen
errichtet.

Am anderen Abend wurde der Novize erneut zum PULLA-Platz
gebracht, wo er sich wiederum mit untergeschlagenen Beinen niederlassen mußte und sein Gesicht in seine verschränkten Arme legte. Die
Männer begannen erneut einen Tanz, in dem sie die Oberschenkel
zitternd auf und ab bewegten und dabei sangen: »*Mit zitternden Oberschenkeln stehen wir da, als ob wir Mulgasamen ausklopfen.*« Dem
Novizen wurde nun strengstes Schweigen auferlegt. Verriete er etwas
den Frauen oder Kindern, so würden alle Einwohner des Lagerplatzes
zur Strafe von anderen Stammesangehörigen gespeert werden. Bald
darauf kamen zwei Schauspieler, die ein großes rotes Känguruh-
WONNINGA trugen. Damit der Junge es besser sehen konnte, durfte er
sich aufrichten. Die Männer aber sangen: »*Die große* WONNINGA
haltend, bewegen sie den Kopf hin und her, taumeln sie hin und her.«
Die beiden Männer steckten die WONNINGA, die dem Novizen zum
erstenmal in seinem Leben gezeigt wurde, in den Boden. Noch einen
Tag mußte er warten, und die Männer sangen: »*Mit einem scharfen
Steinmesser wird seine Vorhaut abgeschlagen.*«

Am nächsten Tag wurde der Novize mit einem großen Kreis auf
seinem Rücken geschmückt, in dessen Mitte verschiedene kleine Kreise
gezeichnet waren, die durch Linien mit dem Mittelpunkt untereinander
verbunden waren. Auch die anderen Männer, die an der Zeremonie
teilnahmen, schmückten sich in besonderer Weise. Sie malten sich rote,
von den Schultern bis auf den Gürtel laufende Streifen, je einen Quer-
strich über die Nase und über die Brust sowie Längsstreifen auf ihre
Schultern und umsäumten sie alle mit Vogeldaunen. Auch steckten sie
Holzblumen in ihr Haar. Darauf stellten sie sich in der Reihe auf, einer
hinter dem anderen, und beugten ihren Oberkörper tief herab, als ob
sie Känguruhs darstellten. Dazu sangen sie: »*Känguruh, das riesige
Känguruh, hat einen langen Rücken.*«

Unterdessen erwählte der Zeremonienmeister meistens den Schwiegervater, um die Beschneidung an dem Jungen vorzunehmen. Von nun
an ergriffen die Männer große Schwirrhölzer und ließen sie brummen,
damit sich keine Frauen und Kinder in der Nähe mehr aufhalten
sollten. Die übrigen Männer bildeten einen menschlichen Turm: Ein
Bruder des zu beschneidenden Jungen ließ sich auf alle Viere nieder, ein

anderer legte sich mit seinem Oberkörper quer über den ersten, ein dritter quer auf den zweiten usw. Auf diesen künstlichen Turm, der aus vier bis sechs übereinandergeschichteten Männern bestand, wurde der Novize rücklings gelegt. Auf seine Brust setzte sich ein anderer Mann, der bei der bevorstehenden Operation helfen mußte.

Jetzt erschien der erwählte Schwiegervater. Nach einem wilden Lauf blieb er zunächst in der Nähe der versammelten Männer stehen, raffte mit der einen Hand seinen Bart zusammen, steckte ihn in seinen Mund und biß darauf, als ob er sehr zornig wäre, worauf die versammelten Männer laut sangen: *»Sieh den Wütenden! Den in die Höhe gehobenen Jungen beschneide!«* Mit grollenden Augen, gleichsam zornig, ergriff der Mann das Steinmesser, erfaßte den Penis des Jungen und führte die Beschneidung aus, während die Männer den Gesang anstimmten: *»Schneide die Vorhaut mit dem scharfen Messer ab.«*

Das herabfließende Blut wurde von zwei Brüdern des Beschnittenen in einem Schild aufgefangen und in ein kleines Loch im Boden gegossen, worauf der Schild mit Erde abgerieben und das Loch mit Erde gefüllt wurde, damit niemand etwas von diesem Blut sah. Sodann wurde dem Vater und dem ältesten Bruder des Beschnittenen die Vorhaut an den Bauch gedrückt, um ihre Schmerzen zu lindern, die sie bei der Beschneidung ihres nächsten Blutsverwandten empfanden. Die Vorhaut wurde dann an einem versteckten Ort vergraben. Bald nach der Beschneidung gaben die Männer dem Novizen mehrere Schwirrhölzer und sangen dabei das Lied über TUANJIRAKA.

Den Frauen und Kindern wurde erzählt, daß TUANJIRAKA ein mystisches Wesen sei, das den Kindern durch sein Brummen Furcht einflöße. Nunmehr erfuhr der Novize, daß es TUANJIRAKA gar nicht gab, sondern daß es ein Schwirrholz sei, das diesen Ton erzeugte. Ihm wurde jetzt bedeutet, daß er diese TJURUNGA als den Leib seiner mütterlichen Totemvorfahren anzusehen hatte, der ihn weiterhin auf seinen einsamen Wanderungen begleiten würde.

» Wir haben euch immer erzählt, daß dies TUANJIRAKA *sei, der dir die Schmerzen verursacht hat. Du sollst den Glauben an* TUANJIRAKA *aufgeben und dafür glauben, dieses ist ein Schwirrholz. Wir haben euch Kindern und Frauen nur von diesem* TJURUNGA *erzählt und haben den* TUANJIRAKA *mit demselben nur verglichen. Wie wir, so sollst auch du den Kindern wieder und wieder von* TUANJIRAKA *erzählen, damit ja nicht die Botschaft, daß es keinen* TUANJIRAKA *gibt, sich ausbreite.*

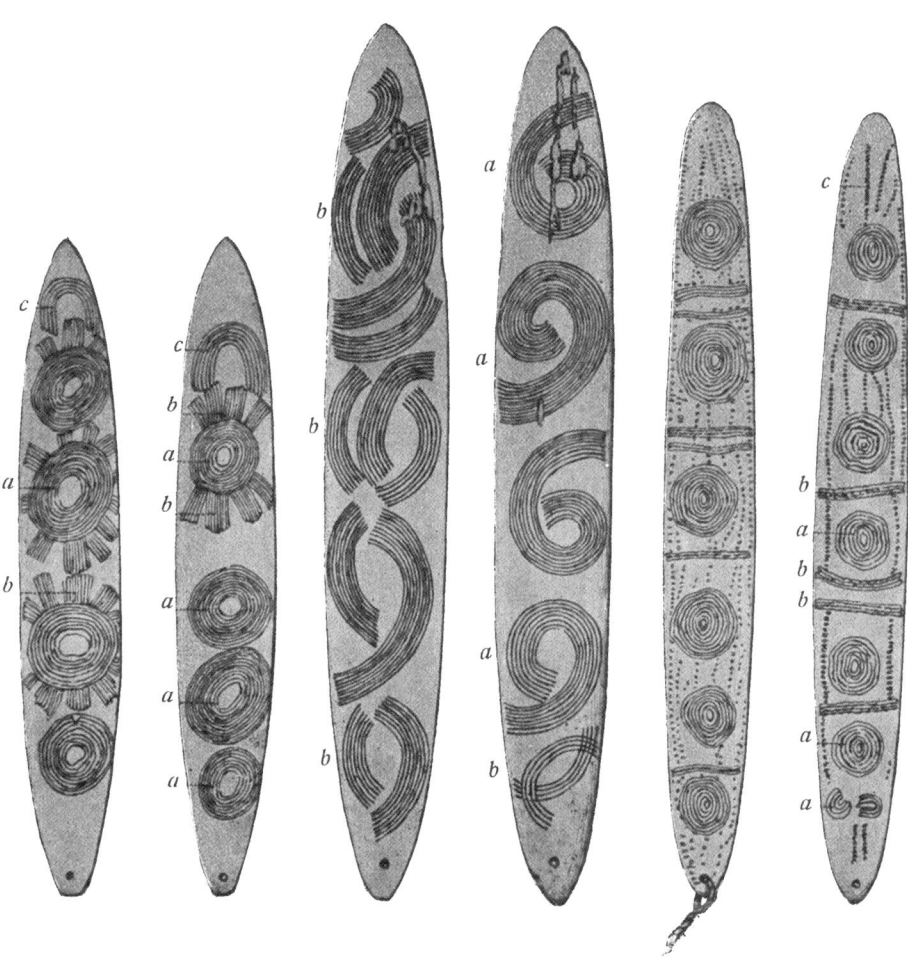

Das Schwirrholz ist ein flachgeschnittenes Holz, das an einer Schnur
aus Menschenhaar hängt und um seine eigene Achse rotiert. Sobald es
über den Kopf geschwungen wird, beginnt es zu brummen, zu
knurren oder sogar zu heulen. Wie eine Tjurunga wird es als heilig
verehrt, weil es den Klang erzeugt, durch den die göttlichen Urväter
mit der diesseitigen Welt reden. Frauen und Kinder dürfen zwar das
geheimnisvolle Brummen hören, aber das Schwirrholz nicht sehen.
Auch andere Kulturen kennen das Schwirrholz, z.B. die Indianer und
die Ägypter, die es zum Heilen verwenden oder um den grollenden
Donnerton zu erzeugen, um den Regen anzuziehen.

Dann würden wir alle von der Erde verschwinden, und man würde unter dem ganzen Himmel hören, daß wir ausgestorben sind. Wie wir, junger Mann, sollst auch du es niemals verbreiten, damit diese Botschaft ja nicht den Kindern erzählt wird.«

Irgendwie schienen die Alten ja auch an die Existenz TUANJIRAKAS zu glauben, denn TUANJIRAKA sollte in der Lage sein, das ganze Volk auszurotten. Und weiter geht das TUANJIRAKA-Lied:

»Halte die TJURUNGA geheim und erzähle den Kindern wieder von TUANJIRAKA. Wie die Vorfahren, so bist auch du jetzt ein Mann geworden. Behalte dies alles für dich. Wenn die Kinder dieses Märchen von dir hören sollten, würdest du todkrank werden. Wie wir, sollst auch du lügen und sagen, es gibt gewiß einen TUANJI-RAKA.«

Bis zur Verheilung der Beschneidungswunde mußte sich der junge Mann nun allein in der Wüste aufhalten. Zum Zeichen seiner Ehre wurde ihm in seine Haare ein großes Garnknäuel aus Menschenhaaren eingeflochten, das er bei seiner Wanderung mit sich trug. Außerdem erhielt er nun den Moralkodex der Ureinwohner, der aus Verhaltensgeboten und einigen Speiseverboten bestand. Auf die Übertretung dieser Vorschriften stand die Todesstrafe, doch wurde sie nicht häufig vollzogen. Es wurden ihm folgende Gebote gegeben:

Der Moralkodex
»Du sollst nichts Schlechtes tun!
Du sollst nicht auf dem Wege der Frauen gehen!
Du sollst nicht in der Nähe des Lagerplatzes umherwandern!
Du sollst nicht auf öffentlichen Fußpfaden umherwandern!
Du sollst die TJURUNGA nicht draußen umhertragen!
Du sollst kein Opossumfleisch essen!«

Auch andere Fleischarten wurden ihm verboten. Es wurde ihm geboten, nur das Fleisch von Eidechsen, Hunden, das Herz, Gehirn und Seitenstücke, mit Ausnahme der Emus, zu essen. Folgende Drohung wurde hinzugefügt. *»Wenn du diese Gebote tust, so wirst du gut sein. Solltest du aber Schlechtes tun, werden wir dich ins Feuer werfen.«*

Ferner mußte der junge Mann von nun an eine Geheimsprache lernen, die er in seinem unfreiwilligen Exil in der Wüste im Verkehr mit anderen Männern sprechen mußte. Dabei wurde seine bisherige Umgangssprache unter Benützung folgender Formel in eine Geheimsprache umgemünzt: »UNTA ARETNA ABUNA NANAI. *Du sollst den Namen anders nennen.*« Zum Schluß wurde die Drohung wiederholt: »*Wenn du dies nicht sagst, so wirst du ins Feuer geworfen.*«

Die Geheimsprache war unvollkommen, ungenau und sprach in Rätseln, da manche Wörter für viele Begriffe gebraucht wurden. Beispielsweise bedeutete das Wort NEGARUKA zugleich »alter Mann, Vater, Wallaby, Maulwurf, wilder Panther, Adler, Kormoran« und »Enterich«, das Wort ERATITIA »Frau, Mutter, Stützbeutler, schwarzer Kakadu, Bergtaube, Ente« und »die Sonne«. Ohne Zweifel entstanden durch diese ungenaue Ausdrucksweise viele Mißverständnisse, die erwünschten Stoff zum Lachen boten, denn nicht nur ungenau, sondern auch lächerlich klang es, wenn jemand in der Geheimsprache nicht nur sich selbst, sondern auch die Sterne als INJIJATUKA, d.h. als Hunde bezeichnete, wenn er die Hütte der Lagergenossen allgemein »Geburtshütten« oder »Wochenstunden« nannte und wenn er von Kleidern von Fledermäusen oder Schmetterlingen oder Schlangen sprach. Etwas sarkastisch klang es, wenn die Geheimsprache den Zauberdoktor MARINDJAGATTA »den Mann mit dem Teufelskerl« nannte.

Die Subinzisio oder Der Höhepunkt der Beschneidung

Nach etwa sechs Wochen, wenn die Wunde der Beschneidung geheilt war, begannen die Vorbereitungen für die Subinzisio, das ist das Aufschlitzen der Harnröhre von unten. Sie stellte den Höhepunkt der Beschneidung dar und überstieg das Schmerzmaß noch um ein weiteres. Wiederum setzten sich die Alten im Kreis, wobei der junge Mann in der Mitte sitzen mußte. Daraufhin ging ein alter Mann nach dem anderen auf ihn zu und biß ihn so lange in den Kopf, bis das Blut herausfloß, wobei sie sangen: »*Der Kopf ist voller Risse, Risse sind auf dem Kopf.*« Zum Schluß der Prozedur war der Kopf voller Wunden. Der Zweck dieses schmerzhaften Brauches war, daß das Haar recht lang wachsen sollte. Am nächsten Tag verfertigten die Verwandten des jungen Mannes lange Stangen aus Eukalyptusholz zu einer großen TNATANTJA, einer Stange, die MALBANKA, der große wilde Katzenhäuptling, auf seiner Wanderung durch die Wüste getragen haben soll.

Der TJILPA-Häuptling MALBANKA hatte diese TNATANTJA auf der Wanderung durch die Wüste getragen. Nun sollte sie dem jungen Mann helfen, die Schmerzen zu überstehen, die ihm in der weiteren Zeremonie bevorstanden. Sein Vater ging auf ihn zu, umarmte ihn und drückte ihm die TNATANTJA auf den Bauch, um ihm die Furcht vor den Schmerzen zu nehmen und ihm Mut für die Prozedur zu machen: *»Fürchte dich nicht, verhalte dich ruhig, denn heute wirst du ein Mann werden!«*

Wieder kamen mehrere Männer zusammen, um einen Tisch aus Menschenleibern zu bilden, auf den der junge Mann gelegt wurde. Rückwärts setzte sich ein Mann auf seine Brust, und die alten Männer stimmten den Subinzisionsgesang an: *»Diese alten Männer hier sind traurig, weil seine Harnröhre eingeschnitten wird.«*

Der Schwiegervater erfaßte ein Steinmesser und vollzog den Subinzisionsakt, indem er die Harnröhre aufschlitzte, während ein Onkel von ihm das Blut mit einem Schild auffing. Nach der Operation wurde dem Beschnittenen ein Schamschmuck gegeben, der aus einer Quaste aus Menschenhaar bestand. Von nun an hieß er »frischgebackener, junger Mann«. Er war ein vollwertiges Mitglied der Männergesellschaft und durfte jetzt an allen Zeremonien teilnehmen.

Die Räucherungszeremonie

Nach Verlauf von ca. sechs Wochen wurden zwei weitere Zeremonien mit dem jungen Mann vorgenommen, die den Zweck hatten, ihn für alle Ungehorsamkeiten seines früheren Lebens zu bestrafen und seinem Körper durch die Bräunung ein männliches Aussehen zu verleihen. Zur Veranstaltung dieser Zeremonien mußten seine Mutter und seine Tanten viele Eukalyptusbüsche auf einen Haufen zusammentragen. Abends wurden die Frauen und Kinder an diesem Platz zusammengerufen und nachdem sie sich mit Farbe geschmückt hatten, zündeten sie ein großes, leuchtendes Feuer an.

Der junge Mann wurde für diese Festlichkeiten besonders geschmückt. Auf seinem Kopf und auf seinen Oberarmen wurden

William Ricketts Sanctuary.
Die Alten fühlten sich für die Ausbildung und die heiligen Gesänge
verantwortlich. Den größten Teil ihres Lebens verbrachten sie damit,
ihre Kinder in die Zeremonien einzuführen.

Vogelfedern befestigt; zu beiden Seiten des Kopfes hingen Bandikut-
schwänze herab. Auf seinem Kopf trug er ein Stirnband; durch seine
Nasenscheidewand wurde ein Knochen gesteckt. Er trug einen Gürtel
mit vielen Schnüren um den Leib. Da ihn jetzt die Frauen und Kinder
nach mehreren Monaten zum erstenmal wiedersahen, wurde ihm der
Name LALUMBA, »der sich öffentlich Zeigende«, beigegeben.

Der LALUMBA wurde nun auf den westlichen Zeremonienplatz geführt. Sobald er sich dort im Kreis der alten Männer niedergelassen hatte, erfaßten ihn einige beim Haar und stießen seine Stirn mit aller Gewalt auf einen Schild, bis sie blutig geschlagen war, und dabei sangen sie: »*Den* LALUMBA *stoßen wir auf das Schild, seinen Kopf schlagen wir, daß es blutet.*« Zum Schluß dieser Strafprozedur kamen mehrere alte Männer auf ihn zu und ließen ihre Fäuste kräftig auf seinem Rücken tanzen.

Danach hakte ein junger Mann seinen kleinen Finger in den eines anderen, worauf beide mit dem Ruf »a-trrr« in einem großen Bogen von D nach A und an den bei C wartenden Frauen vorbei nach dem Ausgangspunkt D zurückliefen. Gleichzeitig führten zwei andere junge Männer in derselben Weise von D nach B einen Rundlauf in entgegengesetzter Richtung aus. Die Frauen schwangen unterdessen die Eukalyptuszweige, die sie in der Hand hielten, und ließen ebenfalls fortwährend den Laut »a-trrr« erschallen. Dieses Schauspiel dauerte die ganze Nacht hindurch.

Mit Tagesanbruch gruben die Frauen ein Loch, zündeten darin ein Feuer an und warfen ihre Eukalyptuszweige hinein, während die alten Männer den Gesang anstimmten: »*Der junge Mann zeigt sich, der junge Mann zeigt sich.*« Er wurde über die qualmenden Zweige gelegt, damit der Rauch seinen Leib schwärzte. Darauf kamen seine weiblichen Verwandten heran und schmückten seinen Körper mit roter Farbe. Die Schwester schnitt mit einem Steinmesser die Haupthaare ihres Bruders ab, worauf er aus dem Qualm herausgeholt wurde. Damit endete die Räucherzeremonie.

Der LALUMBA wurde von nun an als vollwertiger Mann angesehen, mußte sich jedoch bis zur Beendigung der Aufführung noch vom Hauptlagerplatz entfernt halten und durfte erst heiraten, nachdem ihm der Bart gewachsen war.

Die Zeremonie zur Erzeugung eines langen Bartes

Zu diesem Zweck wurde der junge Mann auf den Boden gelegt, wobei er seinen Kopf auf einen Schild legen mußte. Einige mit ihm verwandte Männer kamen und beschmierten ihm das Kinn, die Wangen und die Oberlippe mit Fett, kniffen die Stellen, wo ihm der Bart wachsen sollte, mit ihren spitzen Fingernägeln und stachen ihn eben dort mit spitzen Knochen, bis das Blut auf die Erde floß. Außerdem rieben sie mit ihren Bärten sein Gesicht. Dazu murmelten sie die folgende Zauberformel:

>*Aus dem Kinn sprosse hervor!*
Auch aus dem Gehirn sprosse hervor!
Schwanzente, breite dich aus,
Wie die Beuteldachsschwanzente breite dich, o Bart, aus!
Aus dem Kinn keime hervor!
Vom Kinn wachse lang herunter!
Von den Backen wachse lang herunter!
Schwarz wie die Nacht wachse der Bart herunter!
Tief wie der See wachse er lang herunter!«

Die Begegnung mit der eigenen TJURUNGA

Erst wenn man sich selbst in die Situation eines Ureinwohners versetzt, fühlt man die unglaublichen Schmerzen, die sie erleiden, und den Schmerz, den die jungen Männer über sich ergehen lassen mußten, bevor sie die übernatürliche Gestalt und Kraft ihrer Urväter annehmen konnten. Jede dieser Einweihungszeremonien bedeutete eine Tortur von mindestens zwei Wochen voll schrecklicher Furcht und Terror. Erst dann wurden sie für erwachsen befunden. Aber man sieht andererseits auch die unendliche Mühe und Liebe, die sich die Alten machten, um ihre Kinder auf den richtigen Weg zu führen und sie in die neue Religion einzuweihen. Furcht und Ehrfurcht waren die natürlichen Früchte dieser Erfahrung, für die sie einen hohen Preis bezahlen mußten, um in diese spirituelle Welt zu gelangen. Erst dann fühlten sich alle miteinander solidarisch verbunden, wobei sie eine enge persönliche Beziehung zu ihren Urahnen spürten. Sie glaubten, sie wären selbst wiedergeboren, und fühlten die Lebenskraft, die von dem Lebensfeuer der Urahnen ausging.

Die höchste Schmerzensgrenze wurde in der Zeremonie des Fingernägelausreißens erreicht. Hierzu nahmen die Alten die rechte Hand der Novizen und sangen: »*Mit feurigen Augen, mit glühenden Augen greifen wir deinen Daumen; mit feurigen Augen, mit glühenden Augen reißen wir deinen Fingernagel aus.*«

Ein junger Mann beschrieb dieses Erlebnis folgendermaßen: »Ein Alter stach mit einem scharfen Steinmesser unter meinen Daumennagel, und das Blut spritzte, und er stach ihn tief unter den Nagel. Die anderen Alten sangen weiter. Dann lockerte er das Nagelbett, um den Nagel zu heben. Die Schmerzen waren unerträglich. Ich zitterte vor Schmerzen. Die Qualen waren nicht auszuhalten. Ich habe sie bis heute nicht vergessen. Als der Nagel locker war, nahm er einen scharfen Opossumzahn und stach ihn in das blutende Nagelbett, um den Nagel weiter zu lockern und zog den Nagel von hinten nach vorne ab. Blut spritzte über seine Hände, und die Männer sangen: ›*Sie reißen den Nagel aus, sie reißen den Nagel aus. Blut fließt wie ein Fluß.*‹ Dann ergriffen sie meine linke Hand und entfernten den linken Daumennagel auf die gleiche grausame Art und Weise. Ein alter Aranda-Mann erklärte: ›Die alten Männer sagen, daß sie dadurch meinen Daumen biegsamer machten, damit ich später Stein- und Holz-TJURUNGAS selber herstellen könnte. Erst nach dieser Tortur durfte ich meine eigene TJURUNGA ansehen und anfassen.‹«

Erst nachdem die Wunden verheilt waren, ging der Vater oder Onkel mit dem jungen Novizen zu den TJURUNGA-Höhlen. Dazu wurden auch Gäste des gleichen Totemkultes eingeladen. Es gab einen richtigen ausgetretenen Pilgerpfad zu den heiligen Steinhöhlen. Im Morgengrauen ging es los, und erst nach einigen Stunden erreichten sie einen Platz mit alten Geister-Eukalyptusbäumen. Alle Waffen und Kultgegenstände wurden abgelegt; von nun an durfte nicht mehr gesprochen werden, nur die Zeichensprache wurde benutzt. Vor die Höhle wurden Stöcke geworfen, um den Urvätern die Ankunft anzukündigen. Der Zeremonienmeister kletterte in die Höhle und holte die TJURUNGAS heraus, die mit Menschenhaaren in Bündel zusammengebunden waren. Nun wurden die TJURUNGAS herumgereicht und die Lieder gesungen. Mit großem Schluchzen und Seufzen preßte ein jeder seine eigene TJURUNGA an die Brust. Es war eine unglaubliche Begegnung. Schließlich gab der Alte dem jungen Mann seine eigene TJURUNGA mit den Worten:

»*Hier ist deine* TJURUNGA. *Sie ist dein eigener Körper, von dem du wiedergeboren bist. Es ist der wahrhaftige Körper des großen Urahns der Bandikuts, dem Chef dieser Höhle. Alle anderen* TJURUNGAS *sind die Körper der Bandikut-Männer, die einst hier*

Zwei Stammesälteste holen die heiligen Tjurungas aus einer Höhle,
um eine Zeremonie zu feiern.

*lebten. Du bist nun selbst der große Urvater. Heute lernst du die
Wahrheit kennen. Von nun an bist du der Chef des Zeremonien-
platzes von Ilbalintja. Alle* TJURUNGAS *sind dir von heute anvertraut.
Schütze sie, achte das Haus deiner Urväter, verehre die Tradition
deines Volkes. Du wirst noch viel mehr heilige Zeremonien und
Gesänge kennenlernen. Sie sind alle dein Erbe. Wir haben sie für
dich aufbewahrt. Du bist nun selbst in der Lage, alle Werke deiner*

Urväter zu vollbringen, dir Magie, Zauber und Natur untertan zu machen und zu kontrollieren, Pflanzen und Tiere wachsen zu lassen, Krankheiten zu heilen, Feinde zu besiegen, Wetter zu regeln, Wind und Regen zu machen und die Liebe der Frauen zu erwecken.
Wir werden jetzt alt, und wir geben nun alles an dich weiter, da du nun der wahrhafte Chef von Ilbalintja bist. Behalte die Tjurunga*, und bewahre sie geheim, bis du selbst alt wirst, und dann gebe die Zeremonien an die Jungen weiter, damit die Tradition lebendig bleibt, bis ein neuer Chef geboren wird.«*

Dann gaben die Alten den Novizen neue Geheimnamen, die sie niemandem verraten durften. Selbst die eigenen Familienmitglieder kannten ihn nicht.

Am Abend saßen alle am Lagerfeuer und freuten sich an dem Jagdessen, das zu Ehren des alten und neuen Zeremonienmeisters gefeiert wurde. Nur in Gegenwart des Zeremonienmeisters durften die Zeremonien aufgeführt werden. Natürlich konnten nicht alle Bandikutmänner Zeremonienmeister werden, sondern es wurde nur derjenige dazu ernannt, der direkt von dem lebendigen Körper des Urvaters stammte. Die übrigen Männer wurden Abkömmlinge von den Tjurungas der Urväter.

Tjurunga, Mythen, Zeremonien und Tänze waren der einzige persönliche Besitz in der besitzlosen Gesellschaft von Zentralaustralien. Unwürdigen oder behinderten Arandas wurden keine Geheimnisse anvertraut. Auch Arandas, die für Weiße arbeiteten, wurden nicht für würdig erachtet, die Zeremonien zu erlernen. Die jungen Leute mußten nahezu 25 Jahre warten, bis sie ihre eigene Tjurunga zu Gesicht bekamen. Noch bis zum 35. und 40. Lebensjahr lernten sie immer wieder neue Gesänge und Zeremonien kennen. Ein großer Zeremonienmeister beherrschte bis zu 6.000 Lieder und Tänze. Während er älter wurde, nahmen seine Würde und Autorität immer mehr zu, und zwar in dem Maße, wie die Zahl der ihm bekannten Zeremonien, Tänze und Gesänge wuchs.

Ein großer Zeremonienmeister beherrschte bis zu 6.000 Lieder
und Tänze.

CORROBOREE – ein großes Volksfest

Am Ende der Einweihungszeremonien wurde das INKURA-Fest gefeiert. Damit fanden die Einweihungszeremonien ihr Ende. Die jungen Leute, die diesen Prozeß durchgemacht hatten, wurden nun als vollwertige Männer angesehen und konnten sich überall zeigen.

Das INKURA-Fest war ein großes Volksfest, das erst nach Eintritt der warmen Jahreszeit, gewöhnlich in den Monaten Oktober, November und Dezember, gefeiert wurde, an dem alle in den vorangegangenen Jahren initiierten jungen Männer an einem Hauptlagerplatz zusammengerufen wurden. Sie bildeten den feierlichen Abschluß der Einweihung und die öffentliche Aufnahme in den Rang vollberechtigter und stimmfähiger Männer.

Die Frauen konnten nur am Anfang und am Schluß teilnehmen. In der Zwischenzeit waren nur die alten Männer und die Novizen zugelassen. Auch Angehörige anderer Lager des gleichen Kultes wurden geladen, so daß wohl bis zu 200 oder 300 Leute zusammenkamen. Die Frauen waren verpflichtet, Pflanzenkost zu sammeln; die jungen Männer wurden tagsüber auf die Jagd geschickt und mußten damit zur Versorgung der alten Männer beitragen. In der Nacht fanden die Aufführungen statt, und das ganze Fest konnte bis zu zwei Monaten dauern.

Ein großes INKURA-Zentrum war das von Ilbalintja im Norden, wo die Bandikutmänner zusammenkamen, um ihren großen Vorvater KARORA in ihrem Zeremonienfest zu feiern:

»Unsere Väter lehrten uns, unsere Heimat zu lieben und nicht nach einem anderen Land Ausschau zu halten. Sie sahen in Ilbalintja den größten und schönsten Bandikut-Zeremonienplatz seit Urbeginn aller Zeiten. Hier lagen die Bandikut-TJURUNGAS, und alle Zeremonien wurden hier gefeiert. Sechs Monate würden nicht reichen, um alle Zeremonien hintereinander aufzuführen.«

Laba war ein weiteres Zentrum der Honigameisen-Zeremonie. Auch hier kamen Männer von ganz Australien zusammen, um den Kult der Honigameise zu feiern. Diese Zeremonienfeiern dauerten viele Monate. Die jungen Männer mußten auf die Jagd gehen, um für sich und alle anderen Gäste zu sorgen. Dabei durften sie den ganzen Tag nicht essen, sondern mußten abends erst den Alten ihre Jagdbeute abliefern.

Nach dem letzten Tanz der Bandikut-Zeremonie schwingen die
Männer den Wanagabaum, der mit Daunenfedern geschmückt und
mit Menschenblut verklebt ist, auf und nieder, wobei sie hin und her
laufen. Danach wird der Zeremonienpfahl von seinem Schmuck
befreit und an einem geheimen Ort vergraben.

Ein Teilnehmer beschrieb dies folgendermaßen: »Wir mußten stunden-
lang hungern. Unser Magen knurrte vor Hunger. Wir trauten uns nicht
auf den Festplatz, bevor wir nicht gerufen wurden. Schließlich rief man
uns. Die Jagdbeute legten wir dem Zeremonienmeister zu Füßen und
warteten auf die Tänze. Die Alten grillten das Fleisch. Schließlich
wurde alles aufgeteilt, und die Alten behielten die besten Stücke und
ließen den jungen Männern den Rest. Die ganze Nacht hindurch wurde
gefeiert, und nach einem kurzen Schlaf wurden die Jungen erneut
losgeschickt, um Bandikuts, Wallabys und Känguruhs zu jagen. Am
Ende der Zeremonien konnten wir kaum noch laufen, die Füße
schmerzten, und wir waren ausgehungert und geschunden von den
vielen schlaflosen Nächten.«

Die Fabel vom brummenden Tuanjiraka

Zur Abschlußzeremonie bekam jeder Novize ein Schwirrholz seines Totems. Die alten Frauen wußten, daß es sich um ein Stück Holz handelte, das geschwungen wurde, wenn sie auch nie ein Schwirrholz gesehen hatten. Den jungen Mädchen wurde gesagt, das Brummen, das sie hörten, sei die Stimme des brummenden Tuanjiraka, dessen Stimme durch das Schwirren des Schwirrholzes dargestellt werden sollte. Tuanjiraka war ein Riese mit spitzem Mund, einem langen Zopf und nur einem Fuß. Er wanderte auf steilem Gebirge umher und sprang von einer steil abfallenden Felsenwand herunter, ohne sein Bein zu brechen, und begab sich sodann in die Nähe der Lagerplätze, wo er sehr laut brummen konnte.

Wenn ein Mädchen seine Stimme hörte, mußte es sich rasch niederbeugen, sonst würde Tuanjiraka ihr die Brüste abschneiden. Wenn die Mädchen bei der Inkura-Feier das Brummen des Tuanjiraka hörten, so fühlten sie einen stechenden Schmerz im Bauch, als ob sie von einem feurigen Pfeil getroffen worden wären, so daß sie sich schnell aufrichteten und fragten: »Wer hat mich gestochen?« Sie antworteten selbst: »Ach dort, mein Gatte, ach, ach, jener Mann dort ist mein Gatte.« Die jungen Novizen wußten nun aber, daß Tuanjiraka nur dazu da war, den Frauen und Mädchen Angst zu machen, damit sie sich vom Zeremonienplatz fernhielten.

Die Tingara – der Maibaum der Arandas

Plötzlich erschallte der langgedehnte Ruf »rai an kama« des leitenden Zeremonienmeisters. Die Novizen liefen zum Zeremonienplatz und erblickten dort eine hohe, geschmückte Stange, die Tingara genannt wurde und die der Häuptling in ihrer Abwesenheit aufgestellt hatte. Diese Tingara war eine lange, abgeschälte Eukalyptusstange, die mit roter Farbe bestrichen und mit schwarzen Ringen sowie mit Vogeldaunen geschmückt war, während an der Spitze lange Vogelfedern und Nasenknochen angebunden waren. Am Stamm der Stange waren viele kleine Tjurungas befestigt. Diese repräsentierten den Körper des Urahnen Kurluba, der ein Sohn Malbankas war. Neben der Stange

Der Zeremonienpfahl ist mit schwarzen und weißen Ringen aus Adlerfedern geschmückt. Die weißen Ringe erinnern an die Schaumkämme des Meeres. Auf ihrer Wanderung vom Meer in die Wüste haben sie den Pfahl, der einst im Meer bei Port Augusta stand, mitgeschleppt.

war eine große Grube, in der der leitende Häuptling saß. Sein Körper
war mit Vogeldaunen beklebt; er hielt zwei kleine Stöcke in seinen
Händen. Nachdem die jungen Männer mit den bekannten Lauten »wa
kuntama« um die Tingara herumgelaufen waren, sprang einer von
ihnen in die Grube und drückte den Kopf des Häuptlings nieder zum
Zeichen, daß die Zeremonie zu Ende ging. Dann stellten sich die alten
und jungen Männer an die Tingara und hoben einen jungen Mann
hoch, der auf die Stange kletterte, um alle Tjurungas abzureißen und
sie dem leitenden Häuptling zuzuwerfen.

Jetzt wurde ein Bote ausgeschickt, um die Frauen zu holen.
Nachdem sich die Frauen eingestellt und ein großes Feuer angezündet
hatten, bemalten die alten Männer die Novizen mit roter Farbe,
steckten ihnen Vogelfedern ins Haar und gaben ihnen Eukalyptuszweige in die Hände. Wiederum kletterten sie, einer nach dem anderen,
auf die hohe Stange und ließen sich wieder herunter. Sie schritten, die
Hände hinter dem Nacken verschränkt, im Gänsemarsch in einem
großen Bogen um die versammelten Frauen herum. Dieser Rundgang
wiederholte sich, dann jedoch so, daß immer zwei mit eingehakten
Fingern zusammen an den Frauen vorbeiliefen. Die Frauen hatten
Eukalyptuszweige in den Händen, um die Männer zu begrüßen.
Danach ertönte wieder das Brummen der Schwirrhölzer, worauf sich
die Frauen vom Lagerplatz entfernten.

Der Häuptling befahl nun, das Feuer zu löschen und sich zum
Schlafen niederzulegen. Während sich die jungen Männer zum
Schlafen begaben, zogen die Alten die Tjurungas aus dem Boden,
machten eine lange Rinne in einen Erdwall, legten sie hinein und
bedeckten sie mit Erde. Dann weckten sie die jungen Männer auf, die
sich natürlich sehr wunderten, daß die Tjurungas verschwunden
waren. Hierauf zündete der Häuptling wieder ein Feuer im Norden,
Osten, Süden und Westen an, kehrte dann zu den Novizen zurück und
zog aus einem Sack viele Schmucksachen hervor: Nasenknochen,
Gürtel, Armbänder, Schnüre und weiße, als Kopfputz getragene
Federn. Diesen Schmuck teilte er unter den Novizen auf, während sich
die anderen Männer mit Vogelfedern schmückten.

Im Morgengrauen begab sich der Häuptling zu den Frauen, weckte
sie auf und befahl ihnen, mit ihren Mulden ein Loch zu graben und ein
Feuer zum Räuchern anzuzünden. Die Novizen kamen zu zweit anmar-
schiert, wobei sie einander am kleinen Finger faßten. Nun wurden sie

von den alten Männern über die rauchenden Büsche gelegt. Nach Beendigung dieser abermaligen Räucherprozedur kamen die Frauen heran, drückten den geräucherten Männern Brust und Rücken, nahmen ihnen den Schmuck ab und löschten das Feuer wieder aus. So endete die INKURA-Zeremonie. Alle gingen zu den Lagerplätzen zurück, und keiner durfte den Zeremonienplatz in den nächsten Monaten betreten.

Die Beschneidungszeremonie der Mädchen

Wesentlich einfacher als die Beschneidung der Jungen verlief die der Mädchen, wobei mit einem Steinmesser das Hymen entfernt wurde. Das sollte, nach Ansicht der Aranda, den Geburtsakt erleichtern und wurde an jedem Mädchen im geschlechtsreifen Alter nach Eintritt der ersten Menstruation ohne irgendwelche Feierlichkeit vollzogen.

Das Mädchen, an dem die Operation vorgenommen werden sollte und das bis dahin »Verschlossenes Mädchen« hieß, wurde vom Großvater mütterlicherseits und von einem Onkel beschnitten. Danach hieß das Mädchen »Junge Frau«. Von jetzt ab bis zu ihrer Verheiratung mußte sie sich im Frauenlager aufhalten. Bald darauf hatten alle bei der Operation mitwirkenden Männer Verkehr mit ihr. Nach einigen Tagen begab sich der Großvater zu dem Mädchen, hob es auf und drückte es an sich. Dabei befahl er ihr, ihren zukünftigen Ehemann nicht zu verlassen.

VI.

Der Tanz von Liebe, Hochzeit, Sterben und Tod

»Alle Welt empfing den Kuß ihres Schöpfers,
da Gott ihr alles schenkte, was sie brauchte …
Daher sehnt sich auch die Schöpfung in innigster
Liebe zu ihrem Schöpfer wie zu einem Geliebten.«
(Hildegard von Bingen)

Die Heiratsordnung der Ureinwohner

Wenn ein junger Mann heiraten wollte, so malte er zwei große Kästen in den Sand, die er in je vier Klassen unterteilte. Zu dem einen Kasten (Gruppe A) gehörte er selbst. Diese Gruppe nannte er »unsere Sippe« oder »unsere Leute«. Dazu gehörten die PURULA, KAMARA, NGALA und MBITJANA. Die andere Gruppe (B) nannte er seine Freunde. Dazu gehörten die PANANKA, PALTARA, KNURAIA und BANGATA.

Gruppe A	Gruppe B	Kinder
PURULA	PANANKA	KAMARA
KAMARA	PALTARA	PURULA
NGALA	KNURAIA	MBITJANA
MBITJANA	BANGATA	NGALA

Gruppe B	Gruppe A	Gruppe C
PANANKA	PURULA	BANGATA
PALTARA	KAMARA	KNURAIA
KNURAIA	NGALA	PALTARA
BANGATA	MBITJANA	PANANKA

Alle Mädchen seiner Gruppe A waren für ihn tabu und konnten von ihm nicht geheiratet werden. Er mußte sich daher die Mädchen aus der Gruppe B aussuchen, d.h., ein junger Mann der PURULA-Klasse aus der Gruppe A mußte eine PANANKA-Frau aus der Gruppe B heiraten. Sowohl seine Söhne als auch seine Töchter gehörten dann später weder seiner noch der Klasse seiner Frau an, sondern wurden als KAMARA (Gruppe C) geboren. Wenn nun sein Sohn heiratsfähig war, so nahm sich dieser KAMARA eine PALTARA-Frau aus der Gruppe B. Seine Kinder wurden PURULA, gehörten also zur selben Klasse wie ihr Großvater, d.h., die Kinder wurden automatisch in die Klasse ihres Großvaters geboren, dessen Klassennamen sie annahmen.

Ein junger PANANKA-Mann mußte eine PURULA-Frau suchen, seine Kinder wurden automatisch Bangata. Ein BANGATA-Mann heiratete eine MBITJANA-Frau, die Kinder gehörten wieder der PANANKA-Klasse an wie ihr Großvater.

Jeder Eingeborene wurde also in eine ganz bestimmte Klasse hineingeboren, die als eine gewisse verwandtschaftliche Beziehung angesehen wurde, so daß nicht bloß eine Bluts-, sondern auch eine Klassenverwandtschaft alle Ureinwohner miteinander verband.

Diese Heiratsordnung war äußerst kompliziert, aber sehr sinnvoll, da alle Ureinwohner in gewisser Weise miteinander in eine enge verwandtschaftliche Beziehung traten, durch die sie sich solidarisch fühlten. Die einzelnen Klassen konnten sich somit nicht gegenseitig ausrotten, und der Fortbestand war dennoch gesichert, Inzucht außerdem so gut wie unmöglich.

Das Acht-Klassen-System – Garantie für ein friedliches Zusammenleben

Das System der drei Klassen läßt sich nicht nur horizontal, sondern auch vertikal lesen. Ein PURULA bezeichnete demnach z.B. nicht nur seine leiblichen Brüder als »ältere oder jüngere Brüder«, sondern auch alle PURULAS, die derselben ersten Klasse wie er selbst angehörten, als »Brüder« bzw. »Schwestern«. Sein Vater war automatisch ein KAMARA und gehörte in die 2. Klasse, seine Mutter eine NGALA in der 3. Klasse, seine Nichten und Neffen waren MBITJANAS. Zur 5. Klasse der PANANKAS gehörte seine Frau. Sein Schwiegervater war PALTARA, die Schwiegermutter KNURAIA und die Neffen und Nichten seiner Frau BANGATAS. Alle PURULAS, die älter oder jünger waren als er selbst, nannte er »Großvater« oder »Enkel«. Es konnte daher vorkommen, daß ein Mann ein Mädchen, das bedeutend jünger war als er selbst, »Mutter« nannte. Es handelte sich dabei selbstverständlich nicht um seine leibliche Mutter, sondern um ein Mädchen, das derselben Klasse angehörte wie diese. Möglich war auch, daß eine Frau ihren Schwiegervater »mein älteres Kind« nannte, denn der Schwiegervater der Frau gehörte derselben Klasse an wie ihre eigenen Kinder. Mit dieser Klassenverwandtschaft hing es auch zusammen, daß ein Urenkel seinen Vater »Urgroßvater« nannte, da er derselben Klasse angehörte wie seine eigenen Söhne, während umgekehrt der Urgroßvater seinen Urenkel als »Vater« bezeichnete.

Wenn nun ein Bewohner aus einem anderen Stamm einwanderte, so wurde er nach seinen äußeren körperlichen Merkmalen in die Verwandtschaftsklassen der Arandas eingegliedert.

Für Zugewanderte galt folgendes: Handelte es sich um einen Mann mit dickem Kopf und buschigem Vollbart, so wurde er als PURULA betrachtet und ihm eine PANANKA-Frau zugeteilt. War er korpulent, so wurde er als NGALA-Mann eingeteilt. Ein KAMARA hatte ein auffallend breites Gesicht. Eine hohe Stirn charakterisierte einen BANGATA und ein schmales Gesicht einen PALTARA. Ein Mann mit schlankem Körperbau wurde als KNURAIA eingegliedert.

Die Heiratsgebräuche der Arandas

Die Versprechung eines Kindes fand bei den Arandas bereits in den ersten Lebensjahren statt, gewöhnlich mit zwei bis drei Jahren. Der Vorgang selbst war äußerst einfach: Wenn ein Mann ein Töchterchen hatte, das er verloben wollte, so begab er sich zu seinem Nachbarn aus der anderen Heiratsklasse, der einen Sohn hatte. Die beiden Männer verabredeten miteinander, daß ihre Kinder später heiraten sollten. Unterdessen saßen auch die Mütter beisammen und verhandelten ebenfalls darüber.

Das Resultat dieser Besprechung, die ohne jede Feierlichkeit vor sich ging, wurde dem verlobten Jungen etwa im zehnten bis zwölften Lebensjahr mitgeteilt unter dem Hinweis, daß er mit der Hochzeit noch zu warten habe, bis ihm der Bart gewachsen war. Von nun hatte der Junge aber schon die Pflicht, seinen zukünftigen Schwiegereltern kleine Geschenke zu machen. Sein Schwiegervater bekam Waffen und Wild, seine Schwiegermutter Pflanzenkost. Auch das Mädchen beschenkte seine Schwiegereltern mit Pflanzen, Samen und Früchten.

Am Hochzeitstag wurden der Bräutigam und die Braut festlich geschmückt. Die Braut schmückte sich mit einem Kranz und befestigte daran Beuteldachsschwänze. Mit Rot als der Farbe der Liebe wurden breite Streifen über das Gesicht, die Arme und die Brust gezogen. Der Mann trug quer über der Brust schwarze Streifen mit roten Rändern und rote Striche quer über die Stirn. In seinem Gürtel trug er hinten auf dem Rücken lang aufgerichtete Adlerfedern.

Geschmückt gingen der Bräutigam und seine Brüder zur Schwiegermutter mit der Bitte: »*Gib mir deine Tochter zur Frau!*« Während seine zukünftige Frau sich zum Schein sträubte und sich an ihre Mutter klammerte, legte diese den Arm ihrer Tochter in die Hände ihres Schwiegersohnes, der sie daraufhin fest umarmte. Damit war die Ehe geschlossen. Anschließend gingen die jungen Männer zur Jagd und die Frauen zum Pflanzensammeln.

Abends kehrten beide heim. Mann und Frau setzten sich in ihre Hütte. Nachdem sie eine Weile schweigend nebeneinander gesessen hatten, erteilte der Mann seiner Frau den Auftrag, etwas von dem Fleisch zu ihrer Mutter zu bringen. Diese erste Hochzeitsnacht verbrachte dann die Frau an der Seite ihrer Mutter in deren Hause. Am anderen Morgen ging der Mann wieder zur Jagd und die junge Frau zum Pflanzensammeln. Nachts kehrten beide zurück und setzten sich ans Lagerfeuer. Nachdem der Mann seine Beute geteilt hatte, überreichte er wiederum seiner Frau etwas Fleisch mit dem Auftrag, es zu ihrer Mutter zu tragen, dann aber wieder zu ihm zurückzukommen. Von jetzt an blieb seine Frau bei ihm und mußte ihn auf seinen Wanderungen begleiten wie ein Hund seinen Herrn.

Die Eheverpflichtung – eine Altersversorgung

Auch in Zukunft waren beide Eheleute verpflichtet, ihre Schwiegereltern mit Lebensmitteln zu versorgen. Erlegte der Mann zum Beispiel ein Känguruh, so mußte er seinem Schwiegervater ein großes Stück davon abgeben. Außerdem war er verpflichtet, sein abgeschorenes Haupthaar seinem Schwiegervater zu überlassen, der sich daraus Schnüre flocht. Beim Tod seines Schwiegervaters ließ er sich zum Zeichen der Trauer die Schulter mittels eines Steinmessers einritzen, bis das Blut herausfloß. Hätte er dies unterlassen, so hätte er unter Umständen von seinen eigenen Verwandten erschlagen werden können. Nach dem Tod seines Schwiegervaters gab er sein eigenes abgeschnittenes Haupthaar seinem Bruder.

Treue – eine Tugend der Arandas

Die Heiratsregeln wurden streng befolgt, und die Keuschheit vor der Ehe war eine von allen eingehaltene Tugend. Junge, ledige Männer durften weder mit den ihnen versprochenen Frauen noch mit irgendwelchen anderen Mädchen oder Frauen verkehren. Übertretungen wurden mit einer Tracht Prügel oder einem Speerstich ins Bein bestraft.

Der verheiratete Aranda beanspruchte dagegen für sich das Recht, mit seinen ledigen Schwägerinnen, den Schwestern seiner Frau, die er ebenfalls »Frau« nannte, intimen Verkehr zu pflegen, obwohl dies von seinen nächsten Verwandten mißbilligt und nicht selten mit einem Stich ins Bein bestraft wurde. Wenn ein Mann seine Cousine heiratete oder mit ihr verbotenen Umgang gehabt hatte, so wurde er dafür ins Bein gespeert, oder ihm wurde mit einem Steinmesser in den Schenkel geschnitten. Ein solcher Mann wurde »geiler Vetter« genannt. Überhaupt wurden Seitensprünge sowohl von den Verwandten als auch von der Gesellschaft schwer bestraft, meistens durch Speeren oder durch Prügel.

Die Männer durften jedoch mehrere Frauen haben. Mancher Häuptling heiratete drei bis zehn, die aber in der Regel an verschiedenen Plätzen lebten und die Pflicht hatten, ihren Mann auf Wunsch zu begleiten und ihn mit Pflanzenkost zu versorgen. Einem jungen Mann war zunächst nur eine Frau erlaubt. Nach der Geburt seines ersten Kindes konnte er jedoch eine zweite und später willkürlich weitere Frauen heiraten.

Der WULJANKURA-Tanz – die Walpurgisnacht der Ureinwohner

Die Ureinwohner erinnern sich an die göttliche Urmutter ALKNAJINGA, in deren Gefolge sich viele schöne junge Mädchen befanden. Am Anfang der Zeit kehrten sie zusammen in ihre Heimat zurück und vollzogen auf dieser Wanderung die WULJANKURA-Zeremonie. Dieser Tanz wurde danach von den Frauen unter Mitwirkung von vielen Männern immer wieder aufgeführt und hatte den einzigen Zweck, in den Frauen die erotische Begierde nach fremden Männern wachzurufen, die zum

Schluß der Zeremonie in einem wilden sexuellen Tanz befriedigt wurde.

Die göttliche Urmutter ist in anderen Kulturen als Lilith bekannt; sie ist die junge, verführerische Hexe, die mit Faust und dem Teufel auf dem Brocken tanzt. So heißt es bei Goethe:

> *Mephistopheles:* Der ganze Strudel strebt nach oben:
> Du glaubst zu schieben, und du wirst geschoben.
> *Faust:* Wer ist denn das?
> *Mephistopheles:* Betrachte sie genau!
> Lilith ist das.
> *Faust:* Wer?
> *Mephistopheles:* Adams erste Frau.
> Nimm dich in acht vor ihren schönen Haaren,
> Vor diesem Schmuck, mit dem sie einzig prangt.
> Wenn sie damit den jungen Mann erlangt,
> So läßt sie ihn so bald nicht wieder fahren.

Die Gestalt der Lilith ist schon uralt. Ihr Name erscheint bereits vor 4.000 Jahren im Gilgamesch-Epos. Sie ist hier das Mädchen, die Geliebte, die Gefährtin von Lila, von König Gilgamesch selbst. Der Lilith-Mythos findet sich ebenso in der ägyptischen wie in der griechischen Mythologie, wo sie als erotisch-verführerische Göttin auftritt. In der jüdischen Kabbala geht sie als göttliche Weisheit mit Samuel die Heilige Ehe ein, was die Hochzeit des Himmels mit der Erde symbolisiert. In der Tannhäusersage erscheint Lilith als Frau Venus auf dem Hörselberg. Als Hexe wird sie in Grimms Märchen verewigt und lebt als schöne Lorelei auf dem Felsen am Rhein, um die Schiffer zu verzaubern.

Beim WULJANKURA-Tanz der australischen Ureinwohner wurden die Mädchen und Männer auffallend mit roter Farbe geschmückt. Kopf, Brüste, Beine und Rücken wurden mit roten Streifen überzogen. Auch bei den Arandas war Rot von jeher die Farbe des Blutes und des Lebens, der Kraft und der Liebe. Die schwarze Göttin war gleichzeitig die Schwarze Madonna, der Quell des Lebens und aller Weisheit, aber auch faszinierender Urweiblichkeit, Sexualität und Trieb, der in der

Lage war, erotisch-sinnliche Sexualität zu entfesseln. Die Arandas verlegten den Sitz ihrer Sehnsucht nach der Heimat in ihre Leber, von wo diese Energie sowohl auf den Bauch als Hauptsitz des Gefühls (Sonnengeflecht) als auch auf die Kehle ausstrahlt, die als Sitz des Willens angesehen wurde.

Bei der WULJANKURA-Zeremonie wurde in den ersten Versen der Schmuck der mitwirkenden Frauen besungen. Sie sahen wie Zwillingskinder aus, da sie alle gleichmäßig geschmückt waren. Sie sangen laut, daß es in den Lüften widerhallte. Mit helleuchtendem Feuerbrand kam vom Meer her ein Schauspieler und schritt über grüne Grasflächen. Die nun folgenden Verse besangen die in ihre Heimat zurückkehrenden MINJERA-Frauen, die zuerst die WULJANKURA-Zeremonie aufgeführt hatten. Aus dichtem Gras und Teatree-Gebüsch kamen sie hervor und wanderten auf göttlichen Wegen, d.h. auf den Wegen ihrer Totemgötter in ihre Heimat. Dabei stiegen sie durch fensterähnliche Felsenlöcher. Die MINJERA-Frauen hatten unwiderstehliches Heimweh in ihrer Leber. Ihre Sehnsucht nach der Heimat war so stark, daß ihre Leber und ihr Bauch fortwährend zitterten. Auf ihrer Wanderung erblickten sie einen Mann, der eine Fackel hin- und herschwang, und gelangten an einen Höhenzug, dessen Rücken wie ein trockenes Eukalyptusblatt gewölbt war. Sie erblickten einen Eukalyptusbaum mit rundem Stamm sowie Wasser, auf dem sich schöne Wellen kräuselten. Die Verse lauteten:

> *Auf dem Steingeröll stehend, bemalen sie sich mit frischen Zeichen.*
> *Zeichen tupfen sie längs der breiten Streifen.*
> *Wie Zwillinge, die auf einem Haufen stehen, singen sie laut!*
> *Die Mädchen singen laut, sie singen, daß es vom Himmel widerhallt.*
> *Die Wassersäbler wandern umher,*
> *auf der Ebene wandern sie umher.*
> *Am Rande des Salzsees stehen sie da,*
> *die schlanken Wassersäbler stehen da.*
> *Vom Meer über die grüne Grasfläche kommt er her.*
> *Mit schnellen Schritten kommen sie her,*
> *die MINJERA-Frauen kommen her.*
> *Aus dem dichten Gras kommen sie hervor,*
> *aus dem dichten Teatree-Gebüsch kommen sie hervor.*
> *Der göttliche Weg führt sie zur Heimat,*
> *der geschmückte Weg führt sie zur Heimat.*

Durch Felsenöffnungen führt sie der Weg,
der geschmückte Weg führt sie zur Heimat.
›Ich, MINJERA, *sehne mich heim, aus der Tiefe sehne ich mich heim.‹*
Durch Felsenöffnungen führt sie der Weg,
der geschmückte Weg führt sie zur Heimat.
›Ich, MINJERA, *sehne mich heim, aus der Tiefe sehne ich mich heim.*
In der Leber sehne ich mich nach Hause.
Aus dem Dickicht sehne ich mich nach Hause.
In der Kehle sehne ich mich nach Hause.
Im Bauch habe ich Sehnsucht nach Hause.
Im Bauch zittere ich fortwährend,
in der Leber zittere ich fortwährend.
Meine Leber trauert, mein Bauch trauert.‹
Die Frauen zittern fortwährend,
die fruchtbaren Frauen zittern fortwährend.
Die Feuerflamme wird im Bogen geschwungen,
die Felsplatte ist gebogen.
Der Höhenzug ist schön gewölbt,
wie ein Eukalyptusblatt ist er gebogen.
Der Eukalyptusstamm ist gebogen.
Der Eukalyptusstamm ist gebogen.
Die Wasserwelle ist gewölbt, der Flußlauf ist gebogen, ist gebogen.
Die Geschnürten kommen heran, die MINJERA *kommen heran.«*

Während sich die von Süden kommenden Männer, die ihren Körper mit roten Querstreifen geschmückt hatten, näherten, sangen die Männer, Frauen und Mädchen weiter:

»Die mit den Streifen Geschmückten kommen in einer Linie
nebeneinander heran,
Schnellen Schrittes kommen sie in einer Linie heran.«

Die geschmückten Männer setzten sich auf Holzblöcke, während der Gesang erschallt:

»Auf einen Haufen setzen sie sich nieder,
Auf Felsblöcke setzen sie sich nieder.«

Zum Schluß dieser Zeremonie kam der Schauspieler, der mit einem spitzen Hut auf dem Kopf geschmückt war und eine helleuchtende Feuerfackel in seiner Hand hielt, von Norden her. Er stellte sich vor die Frauen und brachte seinen Körper in zitternde erotische Bewegung. Der Gesang erschallte:

> *»Die Feuerflamme kommt heran, die Feuerflamme kommt heran.*
> *Der mit Streifen Geschmückte kommt heran,*
> *Die Feuerflamme kommt heran.*
> *Der Mann mit dem spitzen Hut bleibt stehen,*
> *Die Feuerflamme bleibt stehen.«*

Der Feueraustausch fand statt. Die Sexualität war entfesselt. Es trat beispielsweise eine Frau zu ihrem Mann und gab ihm ihr Verlangen kund, mit einem anderen Mann, z.B. einem Bruder ihres Mannes, intim zu verkehren, wozu auch die Erlaubnis gegeben wurde. Der Ehemann seinerseits ging nun zu dem betreffenden Bruder oder Onkel und teilte ihm den Wunsch seiner Frau mit. Wenn jener damit einverstanden war, so gab er seine eigene Frau dem anvertrauten Verwandten und nahm für diese Nacht dessen Frau zu sich. Bei dieser Gelegenheit kam es auch vor, daß ein Mann sogar mit seiner eigenen Schwiegermutter intime Gemeinschaft hatte, mit der er sonst nicht einmal reden durfte.

Tod und Begräbnis

Die Ureinwohner machten sich über den Tod keinerlei Illusionen. Tod war für sie die letzte große Katastrophe, die zur vollständigen Zerstörung ihres Körpers und ihrer irdischen Seele führen würde. Sie wußten, daß sie danach ihre Angehörigen nie wiedersehen würden und daß ihr Körper auf der Wanderung zur Toteninsel von einem Blitz total zerstört würde. Die sterbliche Seele ging dabei verloren, nur die ewige Seele wanderte zurück zu den heiligen Höhlen ihrer göttlichen Urväter.

Aber sie glaubten auch an die Reinkarnation aller Menschen aus der Kraft ihrer übernatürlichen Urväter. Dieser Glaube war der Schlüssel zu ihrer Religion und bestimmte jeden Tag ihres Lebens. Jeder Mensch besaß zwei Seelen, und während seines irdischen Lebens teilte er die Unsterblichkeit seiner Vorväter wie jedes Geschöpf. Der Mensch besaß

eine Seele, die nie sterben würde. Jeder Baum konnte wie sie wachsen und mußte eines Tages sterben. Während seines Lebens konnte der Urvater in ihm leben. Daher war es auch möglich, daß ein Mensch aus einem Baum wiedergeboren werden konnte. Nur der sichtbare Baum konnte sterben. Der Platz, auf dem er stand, besaß für immer jene unsterbliche Vitalität der göttlichen Urväter, und wenn ein neuer Baum in der Nähe wuchs, glaubten sie, daß der neue Baum vom alten sein Leben hatte.

Alle Menschen ohne Ausnahme lebten durch die Wiedergeburt von dieser unsterblichen Lebensenergie. Und doch zeigte der Tod, daß die Menschen nicht unsterblich waren wie die Urväter. Sie waren Geschöpfe, und wenn die Tage zu Ende gingen, erwartete sie der Tod.

Der Platz, an dem der Tod zur Welt kam. Zwei Älteste vom Totem der »Schlangenmenschen« besuchen ihren Kultplatz. Nach ihrer Erinnerung haben die Urväter auf der Flucht vor Bluträchern hier ihre Speere in die Erde gestoßen und sind an ihnen zum Himmel hinaufgeklettert. Von hier aus verfluchen sie die Nachgeborenen, die von nun an sterben müssen.

Die Arandas hätten aus vollem Herzen Catull zugestimmt: »Die Sonne möge auf- und untergehen. Aber wenn unsere kurzen Tage enden, müssen wir eine endlose Nacht schlafen.«

Das andere Selbst oder das geistige Spiegelbild des göttlichen Urvaters war ein Teil des ganzen Menschen. Während er träumte oder schlief, ging der unsterbliche Teil der Seele spazieren und sah alle Erfahrungen und Gegenstände des Traumes, daher wurde auch jeder Traum als Wirklichkeit betrachtet.

Nur die unsterbliche Seele kehrte nach dem Tod zu den heiligen Höhlen zurück und vereinigte sich dort mit der universalen Lebenskraft der göttlichen Urväter Australiens.

Wenn ein Mann im Sterben lag, so versammelten sich seine nächsten Angehörigen an seinem Totenbett. Besonders die Frauen drückten ihr starkes Mitgefühl beim Tode aus. Die Toten starben ohne Angst. Der Tod war unausweichlich. Wie überall, zeigte der Sterbende großen Mut in der Todesstunde. Die Arandas hatten weder Hoffnung im Himmel noch Angst vor der Hölle. Wenn der Tote seinen letzten Atem aushauchte, warfen sich die Frauen auf den Toten mit lautem Klagen und Schreien, das jedem klarmachte, was passiert war. Die Totenklage wurde noch verstärkt, indem sich die Angehörigen schmerzhafte Wunden beibrachten.

Wenn einer starb, fügten sich seine älteste und jüngste Tochter sowie seine Mutter mit einem Stein und einem scharfen Stock grauenhaft blutende Wunden am Kopf zu. Sie mußten auch größere Schmerzen ohne Klagen aushalten, und ihre Augen schwollen von dem herunterfließenden Blut an. Die Männer brachten sich mit einem Steinmesser auf der Schulter tiefe Wunden bei oder speerten sich ins Bein. Wenn einer das nicht tat, kam die Blutrache über ihn. Während der Totenklage der Frauen um den verstorbenen Mann schaufelten einige mit ihm verwandte Männer mit einem kleinen Stock ein tiefes Grab. Der Leichnam wurde von vier bis fünf Männern aufgehoben. Einer packte den Kopf, ein anderer den Leib, wieder ein anderer die Beine. Mit dem Ruf »he, he, he« gingen die Träger zum Grab, gefolgt von den Männern und Frauen des Lagerplatzes.

Am Grab angekommen, wurde der Leichnam niedergelegt; ein jüngerer Bruder mußte ihm die Kopf- und Barthaare mit einem Steinmesser abschneiden. Nun stiegen zwei Männer ins Grab und breiteten

Eukalyptuszweige am Boden aus. Sie legten den Toten in die rechte
Seitenlage, als ob er schliefe, den Kopf nordwärts, so daß er zu seiner
Mutter Heimat schauen konnte, weil dorthin seine ewige Seele
wanderte.

Nachdem der Leichnam noch mit Eukalyptuszweigen bedeckt
worden war, schaufelten die am Grabe stehenden Männer mit ihren
Händen Erde ins Grab, wobei sie fortwährend Laute wie »he, he he«
ausstießen, während die beiden Männer, die den Leichnam in die
Nische gelegt hatten, erregt hüpfend die Erde im Grab feststampften
zum Schutz gegen die wilden Hunde. Nachdem das Grab mit Erde
gefüllt und ein kleiner Hügel darüber aufgeschüttet worden war, legten
sich zuerst die Männer und dann die Frauen darauf nieder. Dann
wurde die letzte Totenklage gehalten.

Nach dem Begräbnis wurde die Hütte des Verstorbenen niederge-
brannt, damit die Frauen nicht an den Toten erinnert und ihr Bauch
wieder traurig wurde. Auch fürchteten sie, daß der Geist des Verstorbenen, der sich vorläufig bei dem Grab aufhielt, nach seinem früheren
Wohnsitz zurückkehren und seinen Sohn oder einen anderen nahen
Verwandten mit sich zu seinem Grabe nehmen könnte, um dort Gesellschaft zu haben. Um sich für den oft in der Nähe seines früheren Lagerplatzes umherwandernden Geist unkenntlich zu machen, bestrichen
sich die nächsten weiblichen Verwandten, insbesondere die Witwe und
die Mutter des Toten, den ganzen Körper mit Kalk oder weißer Farbe;
sie brannten sich mit einem Feuerbrand die Haare ab; die Männer
schnitten sich Haupt- und Barthaar ab.

Der Name des Verstorbenen wurde von den Verwandten und Lagergenossen in den ersten Jahren nach dem Tode niemals mehr ausgesprochen. Später wurde er nur flüsternd und zögernd erwähnt, weil der
Name die Erinnerung und Trauer wachrufen würde. Einem Bruder des
Verstorbenen, der sich vielleicht an einem anderen Lagerplatz aufhielt,
wurde die Todesnachricht nur durch Zeichensprache oder durch
folgende Worte mitgeteilt: »*Du bist jetzt auf dich allein angewiesen.*«

In der Nacht nach dem Begräbnis saßen die Männer und Frauen aus
Furcht vor dem Geist des Verstorbenen zusammen, unterhielten sich
mit gedämpfter Stimme und hielten die ganze Nacht mit kurzen Unter-
brechungen Totenklage.

Die Blutrache – das Totenorakel

Wenn der Tod kein natürliches Ereignis war, sondern irgend jemand den Betreffenden durch Magie umgebracht hatte, sollte das Totenorakel zeigen, ob die Blutrache an einem nahen Angehörigen oder an einem entfernten Stammesgenossen durchgeführt werden mußte. Zunächst wurde eine Holzspindel angefertigt, und alle Haare des Toten wurden zu einem Knäuel versponnen. Die Männer versammelten sich im Kreis; einer saß in der Mitte und drehte die Spindel über seinem Kopf. Der, zu dem die Spindel flog, war der Mörder. Wenn die Spindel über die Köpfe flog, war der Mörder außerhalb des Lagers zu suchen. Dabei sangen sie:

> *» Wie die Vorfahren die Haare auseinandergezogen haben,*
> *So ziehen die beiden Männer die Haare auch auseinander.*
> *Die Spindel schnurrt laut. Der faulende Saft floß aus der Leiche.*
> *Der Leichnam ging in Fäulnis über.*
> *Der faulende Saft floß aus dem Leichnam.*
> *Die Totenvögel schreien von allen Seiten unter dem Himmel.*
> *Sie schreien in alle Himmelsrichtungen.*
> *Die Totenvögel steigen in wellenförmigem Fluge auf.*
> *Wahrhaftig, die Totenvögel stiegen höher und höher.«*

Nach der Vollendung der Schnur standen einige Männer auf und zogen sie straff, wobei der Gesang erschallte:

> *»Der Geist erhebt sich, erhebe dich doch wieder. Er wandert*
> *fort nach dem Totenreich. Wandere für immer fort!«*

Darauf wurde die Schnur mit rotem Ocker bestrichen und mit Vogelfedern beklebt unter dem Gesang:

> *»Sehr schön liegt die Schnur da, gerötet liegt sie da.«*

Dann warf der jüngere Bruder des Verstorbenen die Spindel mit dem Ruf »bau« weit weg, und zwar in Richtung der im Norden gedachten Toteninsel.

Nach Beendigung dieser Zeremonie wandte sich der jüngere Bruder an die versammelten Männern und sprach: »*Heute abend bringt ein jeder von euch Speere mit zur Versammlung, denn morgen wollen wir aufbrechen, um den Toten zu rächen.*« In Gemeinschaft mit einigen anderen Männern teilte er diesen Beschluß auch den Frauen mit und trug ihnen auf, in ihrer Abwesenheit alle Känguruh-, Opossum- und Beuteldachsknochen zu sammeln und in eine Mulde zu legen.

Am anderen Tag rief der jüngere Bruder mehrere Männer zusammen, die unter seiner Führung einen Rachezug nach einer entfernten Niederlassung unternehmen sollten. Der Zweck dieser Expedition war nicht, wie bei anderen australischen Stämmen, die Bestrafung des vermeintlichen Mörders, sondern zielte darauf ab, ihren Schmerz um den Toten in dem Blut irgendeines Angehörigen eines anderen Lagerplatzes zu stillen und dadurch den Bewohnern Grund zu gleicher Trauer zu geben.

Bei Tagesanbruch brach die Rächerschar auf. Unter ihr befanden sich auch zwei Zauberdoktoren. Alle steckten sich Adlerfedern hinten in den Gürtel, banden die Haupthaare am Hinterkopf zusammen und befestigten einen kleinen gebogenen Zweig im Haar, zogen sich schwarze Streifen über Gesicht und Brust und beklebten den Oberkörper mit Vogeldaunen, um sich unkenntlich zu machen.

Danach machten sie sich auf den Weg. Sie gingen dabei nicht auf öffentlichen Pfaden, sondern schlugen versteckte Pfade ein und zogen, um ihre Fußspuren unkenntlich zu machen, Schuhe aus Opossumfell oder Emufedern an. Sobald die Rächerschar ihr Ziel erreicht hatte, legten sie sich auf die Lauer, bis ein nichtsahnender Jäger des anderen Lagerplatzes vorbeikam. Die Bluträcher achteten dabei auf alle seine Bewegungen. Sobald er in ihre Nähe kam, warfen die beiden Brüder des Verstorbenen ihre Speere nach ihm.

Sie ließen jedoch den Getroffenen nicht auf die Erde fallen, sondern hielten ihn in aufrechter Stellung umarmt, damit er stehend starb. Sobald der Tod eingetreten war, trugen sie ihr Opfer in ein Versteck, zogen die Speere aus seinem Körper und legten den Leichnam in eine Steinhöhle. die sie mit Steinen verstopften.

Die Wiederbelebungszeremonie –
eine unglaubliche Geschichte

Zur Entschuldigung dieser Bluttat hatten die Bluträcher ein Märchen
erfunden, das sie nach ihrer Rückkehr ihren Lagergenossen erzählten
und das von ihnen auch geglaubt wurde. Dazu erzählten sie, daß sie den
Körper wieder ins Freie gebracht hätten, wo er den Sonnenstrahlen
ausgesetzt wurde, bis sein Leichnam anfing zu quellen. Dann wurden von
beiden Zauberdoktoren zwei Stangen zu einer Bahre gefertigt, auf die der
Körper mit dem Gesicht nach unten gelegt wurde. Der eine Zauberdoktor bohrte nun einen spitzen Knochen tief in den Nabel des Toten.
Nachdem er den Knochen wieder herausgezogen hatte, preßte er den
Körper des Toten, bis reichlich Blut aus der Nabelwunde herausfloß.
Dann wendeten beide den Körper wieder um, so daß sein Gesicht nach
oben lag, und steckten einen im Feuer erhitzten Stein in die Nabelwunde.
Darauf legten Sie eine Schambedeckung, die sie mit einem kleinen Feuer-
brand in die Wunde drückten, und murmelten die Zauberworte: »*Die
Schambedeckung schließt wieder die Wunde.*« Darüber legten sie ein
Spinngewebe mit einem weiteren Zauberspruch: »*Die Spinne bringe die
Ränder der Wunde wieder zusammen.*«

Nachdem einer der Zauberdoktoren dann noch mit dem spitzen
Knochen in die Zunge des so Behandelten gestochen hatte, damit er über
das Vorgefallene Stillschweigen bewahre, entnahm er seinem eigenen
Körper einige Zaubersteine und steckte sie in den Körper des Ermor-
deten. Dann befahl er ihm: »*Steh auf, schlafe nicht mehr!*« Darauf fing
der Tote an, zuerst den kleinen Finger und die kleinen Zehen zu bewegen.
Sodann bewegte er sich und strich sich mit der Hand über das Gesicht,
um tief auszuatmen, als ob er aus einem tiefen Schlaf erwachte. Der so
zum Leben Zurückgebrachte sprach dann zu den Zauberdoktoren, die er
für Fremde hielt: »*Ich habe sehr fest geschlafen, und Ihr seid neben mir
gesessen!*«

Dann erhob er sich, wobei ihm die Zauberdoktoren das erlegte Wild
wieder in die Hand gaben mit dem Befehl, zu seinem Lagerplatz
zurückzukehren. Die Bluträcher folgten ihm heimlich und versteckten
sich in der Nähe des Lagerplatzes. Dort angekommen, setzte sich das
Opfer mürrisch an die Seite seiner Frau, die ihm Wasser holte. Dann
schlug er sie aber mit einem Stock und stieß sie mit dem Speer sogar ins
Bein. Während sie Feuerholz holte, um das mitgebrachte Wild zu
braten, legte er sich nieder, um auszuruhen. Auf die Bemerkung seiner

Freunde: »Du hast wohl deshalb deine Frau geschlagen, weil dich ein anderer Mann zuerst schlug«, antwortete er entrüstet: »Nein, keineswegs. Ich fühle mich nur nicht wohl, weil mich das heimgetragene Wild zu sehr bedrückt hat.«

Bald darauf wurde er sehr krank, aß nichts mehr und legte sich nieder. Erst am dritten Tag gestand er seinen Freunden in Zeichensprache, daß er ein Opfer der Blutrache geworden sei. Er streckte die Hände hoch und zeigte die gespreizten zehn Finger, die Zahl der zehn Bluträcher. Sodann rief er seinen jüngeren Bruder und übergab ihm seine Frau und seine Kinder. Er nahm einige Kohlen und warf sie in die Richtung, aus der die Rächer gekommen waren. Zum letzten Male ergriff er die Hand seines Bruders und die seiner Frau und starb.

Die Bluträcher erzählten, daß sie erst zu ihrem Lager zurückkehrten, nachdem ihr Opfer gestorben sei. In Wirklichkeit machten sie sich aber gleich nach Ausführung der blutigen Tat auf ihren Heimweg. In der Nähe ihres Lagerplatzes versteckten sie ihre Schuhe in einer Steinhöhle und zündeten ein Feuer an, um ihre Ankunft anzuzeigen. Nachdem sie Wild gejagt und ihren größten Hunger gestillt hatten, schwärzten sie Gesicht und Brust und zogen mit Kohle einen Halbkreis um den Nabel. Dann zogen sie nach Hause. Die Frauen gingen ihnen entgegen und schlugen mit einem Stecken auf die Schilde der Männer, um ihre Genugtuung kundzutun. Darauf gab es für alle ein üppiges Mahl.

Am anderen Tage begaben sie sich alle zum letzten Mal in einer Prozession zum Grab des Verstorbenen, voran die Witwe mit den in einer Mulde gesammelten Knochen. Die Witwe warf sich zum letzten Mal auf den Grabhügel und wurde dann von den anderen Frauen mit roter Farbe bemalt zum Zeichen, daß ihre Trauer um den Verstorbenen zu Ende sei und daß sie wieder einen anderen Mann heiraten könne. Dann legten die Frauen die Knochen auf das Grab, um den Geist des Verstorbenen daran zu erinnern, daß seine Gebeine jetzt ebenso gebleicht waren wie die niedergelegten Knochen. Sie sollten ihm Grauen einflößen und ihn bewegen, das Grab zu verlassen und zur Toteninsel zu wandern. Dann sangen alle: »Wir wollen jetzt nicht mehr zum Grabe gehen.« Zum Schluß beugten sie ihren Oberkörper mit einem langgezogenen »ba« fast zur Erde nieder und begaben sich wieder zurück zu ihrem Lagerplatz. Ihrer Pflicht dem Toten gegenüber war nun Genüge geschehen.

Die Wiederverheiratung der Witwe

Nun mußte die Witwe wieder versorgt werden. In der Regel heiratete der jüngere Bruder des Verstorbenen die ältere Witwe. Erneut wurde ein Fest gefeiert. Beide schmückten sich mit ihrem Brautschmuck. Die Witwe trug Beuteldachsschwanzenden auf ihrem Kopf und zog rote Linien über ihren Körper. Auch der jüngere Bruder bemalte seinen Oberkörper mit schwarzen und roten Streifen, legte Stirn und Armbänder an, steckte einen Nasenknochen durch die Nasenscheidewand, Adlerfedern hinter seinen Gürtel und Beuteldachsschwanzenden hinters Ohr. In Begleitung begab er sich zum Frauenlager, umfaßte den Arm seiner Schwägerin, womit die Eheschließung vollzogen war.

Die anderen Männer ermahnten nun das Ehepaar, sich gegenseitig nicht zu verlassen. Diese Ermahnung schärften sie nochmals unter Todesandrohung dem jungen Ehemann ein, wenn sie mit ihm den Frauenplatz verließen. Die gleiche Ermahnung erhielt auch die junge Frau von ihrer Schwester.

Für einen jungen Aranda war es eine Ehre, eine alte Witwe zu heiraten, denn die alten Frauen hatten die größere Erfahrung. Sie wußten die besten und schmackhaftesten Speisen zu bereiten und konnten dem jungen Ehemann mit Rat und Tat zur Seite stehen und ihm über viele Schwierigkeiten des Lebens hinweghelfen. Außerdem würde sie die neue jüngere Ehefrau im Falle einer weiteren Ehe vorbildlich betreuen und in allen Frauensachen gründlich unterrichten.

Die Toteninsel

Im fernen Norden liegt eine Toteninsel im Ozean. Auf sie ziehen sich die Geister der Verstorbenen zurück und leben hier als weiße Gestalten im Totenreich der Arandas. Auf der Insel stehen große weiße Eukalyptusbäume, in denen weiße Kakadus ihre krächzende Totenklage singen. Weißgefleckte wilde Katzen und Bandikuts hausen mit Eidechsen und Schlangen auf dem Boden. Auf den Gewässern schwimmen Pelikane und verschiedene Entenarten, Kormorane und Ufersäbler, die am Strand auf- und abschreiten. Des Nachts tanzen die Geister, wozu sie sich schön schmücken; tagsüber schlafen sie.

Wenn ein Mensch gestorben ist, hält sich sein Geist noch einige Zeit in der Nähe des Grabes auf. Nach der Totenfeier trennt er sich jedoch endgültig von dem Körper, wandert auf die Toteninsel und bleibt dort zunächst, bis es auf der Erde geregnet hat. Dann wandert der Geist zurück in seine alte Heimat, um seine Freunde wiederzusehen. Im Traum sagt er zu seinen Geliebten: »Seid vorsichtig, damit ihr nicht werdet wie ich, daß euch nicht das gleiche Geschick trifft, das mich getroffen hat.«

Hat der Verstorbene einen Sohn zurückgelassen, so tritt er hinter ihn, erfaßt ihn bei der Schulter und geht in ihn ein, wodurch dieser noch mehr wächst. Schließlich kehrt der Geist endgültig zur Toteninsel zurück und geht mit den anderen Geistern seiner verstorbenen Freunde jagen. Bald erblickt er große, schwarze Regenwolken im Westen, die über die Insel ziehen. Er sucht vor Blitz und Donner Schutz unter einem Totenbaum, um den er im Kreise herumtanzt, bis es dicht vor ihm einschlägt. Erschrocken macht er mit den Händen eine abwehrende Gebärde, bis ein weiterer Blitzschlag sowohl den Baum zertrümmert als auch seinen Geist vernichtet. Damit ist der Seele ein endgültiges Ende bereitet. Das irdische Leben ist für immer erloschen.

Als die ersten Weißen nach Australien kamen, nahmen die Ureinwohner an, daß ihre eigenen Toten, die als weiße Gestalten auf der Toteninsel herumwanderten, zurückkamen. Voller Schrecken flüchteten sie vor ihnen. So konnten die Weißen widerstandslos ins Innere Australiens vordringen und die Ureinwohner verjagen.

Die Regelung des Rechts

Die uralten Stammesrechte, die schon damals von den göttlichen Urvätern eingesetzt waren, wurden von der Gesamtheit der alten Männer, welche die wichtigsten Beschlüsse faßten, ausgeübt. Das Stammesrecht regelte nicht nur Mord und Rache, sondern auch die Heiratsordnung, den Schutz der heiligen Zeremonienplätze, den Umgang miteinander, die Regeln zwischen Freunden und Feinden sowie die Zeremonienordnung. Durch das Stammesrecht war das normale Zusammenleben der Stämme untereinander geregelt. Das Leben wurde dabei nicht leichtsinnig geopfert, wie es die europäischen Fürsten taten, indem sie ihre

Landeskinder als billiges Kanonenfutter in den Krieg schickten, sondern geschont und geschützt.

Den Häuptling nannte man INGKATA, der allgemeine Vater. Er war nur der Primus inter pares. Er rief die alten Männer zusammen, führte den Vorsitz und bestimmte auch, wann Kulthandlungen ausgeführt werden sollten. Er war gewöhnlich der Aufseher über die heiligen Höhlen, in denen die TJURUNGA-Hölzer und -Steine aufbewahrt wurden. Bei einem beschlossenen Kriegszug ließ der Häuptling die Bewohner befreundeter Lagerplätze zur Teilnahme aufrufen und teilte mit ihnen die Beute aus. Er hatte das Recht, einen unverbesserlichen Übeltäter durch Speeren ins Bein oder zum Tod zu verurteilen.

Beging der Häuptling selber ein Sakrileg, indem er die Kulthandlungen veränderte oder unterließ, wurde er vor die Ältesten geschleppt und mußte sich selber anklagen. Dann hatten die Alten mit ihm Mitleid und sagten: »*Es ist nicht möglich, daß er das getan hat.*« Wenn er sich nicht selbst anklagte, mußte er durch den Speer sterben. Und wenn er floh, wurde eine Gruppe junger Krieger ausgeschickt, um ihn zu ermorden, oder sie nahmen ihn mit auf die Jagd und töteten ihn durch einen »Jagdunfall«.

In der Welt der Ureinwohner wurden alle Menschen als würdevolle Individuen geachtet und respektiert, weil ja jeder einzelne seinen Wert durch die Unsterblichkeit der Urväter besaß, die in ihm reinkarniert waren. Aber die göttlichen Gesetze verlangten auch ihre Ordnung und ihre Opfer. Daher war eine Gesellschaft, die weder Geld noch Besitz kannte, darauf angewiesen, Übertretungen durch Körperstrafen oder sogar mit dem Leben bezahlen zu lassen.

Es wurden alle mit dem Tode bestraft, wenn sie nicht die alten Initiationsriten ausübten. Das wußten die Männer. Diese alten Gesetze konnten von niemandem geändert werden, denn Parlamente waren unbekannt. Kompromisse gab es nicht. Stammesrecht konnte nur der verstehen, der selbst jahrelang darin durch die Alten ausgebildet war. Nur die Alten wußten alle geheimen Mythen und Gesänge und waren die Wächter über Gut und Böse. Die Urväter hatten darüber hinaus noch andere geheime Praktiken und Zeremonien hinterlassen, die niemand außer den speziellen Zeremonienmeistern kannte, wie z.B. das »Knochenzeigen, Verhexen« oder das »Verzaubern«, um ihre Opfer zu töten.

Die Aborigines lebten aber keineswegs in einer Atmosphäre von Angst und Schrecken miteinander, weil sie den Gesetzen unterworfen waren. Im Gegenteil: Die harte Strafe traf nur unverbesserliche Gesetzesübertreter. Die Bestrafung von Ungehorsam und Widerspruch bedeutete sogar eine große Sicherheit für die Mitglieder der Gemeinschaft.

Die Versorgung mit Lebensmitteln – der Generationenvertrag

Die Stammesrechte regelten die Versorgung der Gemeinschaft mit Lebensmitteln. Die jungen Männer mußten die alten mit frischgejagtem Fleisch versorgen, und die jungen Mädchen sammelten Pflanzen für eine ausgewogene Ernährung.

Jagen und Pflanzensammeln waren die ersten notwendigen Fähigkeiten, welche die Alten ihren Kindern beibringen mußten, um zu überleben. Denn in Australien gab es ja keine Tiere, die man als Haustiere zähmen, oder Pflanzen, die man im Ackerbau kultivieren konnte. Auch gab es keine Vorräte an Getreide und Wurzeln, so daß die tägliche Sorge für Essen und Trinken die meiste Zeit in Anspruch nahm und nur durch intensives Training der Jugend, der Kinder möglich war. Dabei entwickelten die Kinder bereits ein großes Maß an Kenntnissen über Tiere und Pflanzen und verbrachten ihre Zeit mit Spurensuche, Speerwerfen und Bumerangschwingen.

Um im Busch zu überleben, mußte man nicht nur kerngesund sein, sondern auch alle Sinnesorgane zur Hochleistung entwickeln. Scharfes Sehen und Beobachten, Riechen und Schmecken, das Hören von leisesten Lauten und das Fühlen und Tasten im Wüstensand waren nötig. Die Ureinwohner besaßen einen ganz besonders gut ausgeprägten Orientierungs- und Richtungssinn, der uns völlig verlorengegangen ist. In einem Land ohne Wege und Straßen konnten sie tage- und kilometerlang durch dichtes Buschwerk wandern, um plötzlich Wasserlöcher, Viehherden und Pflanzen zu entdecken. Darüber hinaus waren sie in der Lage, auf kürzestem Wege wieder schnurstracks geradeaus zum Lagerplatz zurückzukehren. Dabei half ihnen eine einfache und praktische Zeiteinteilung, denn sie kannten ja weder Uhr noch Kalender, sondern orientierten sich an Sonne, Mond und Sternen.

Für die Bestimmung der Tageszeit wurden folgende Bezeichnungen gebraucht, die für den unbesorgt in den Tag hineinlebenden Urein- wohner völlig ausreichend waren:

»Frühmorgens, wenn die ersten Lichtstreifen im Osten sich zeigen,
Frühmorgens, wenn die Lichtstreifen breiter werden,
Wenn im Osten alles licht ist,
Morgendämmerung, Zwielicht,
Frühmorgens, wenn die Vögel anfangen zu singen,
Früh vor Sonnenaufgang,
Früh (unmittelbar nach Sonnenaufgang),
Früh (beim Sonnenaufgang),
Früh, wenn die ganze Sonnenscheibe zu sehen ist,
Morgens nach Sonnenaufgang,
Vormittags (etwa 9 Uhr),
Mittags 12 Uhr,
Nachmittags gegen 3 Uhr,
Gegen Abend (etwa 1 Stunde vor Sonnenuntergang),
›Hängend‹, wenn die Sonne herabhängt,
Unmittelbar vor Sonnenuntergang,
Abends, wenn die Sonne untergeht,
Abends, wenn die Sonne untergegangen ist,
Abenddämmerung, Zwielicht,
Abends, wenn nur noch das Abendrot im Westen leuchtet,
Die Nacht, wenn alles finster ist,
Die Zeit vor Mitternacht,
Mitternacht,
Die Zeit nach Mitternacht,
Um 3 Uhr nachts.«

Die Hauptbeschäftigung der jungen Männer war die Jagd. Mit ihren Speeren und Speerwerfern gingen sie den frischen Spuren des Wildes nach und veranstalteten auch Treibjagden auf Känguruhs, verfolgten Emus an ihre Wasserplätze und trugen das Fleisch an die Lagerplätze zurück, um es dem Häuptling zu übergeben. Dieser behielt die besten Teile für sich und gab den Rest an die alten Männer und Frauen ab, um alles am Lagerfeuer gemeinsam zu verzehren.

Während die Männer das Fleisch herbeischafften, hatten die Frauen

für die Pflanzenkost zu sorgen. Sie sammelten Jelka (Cyperus rotundus), Grassämereien, Früchte und Wurzeln und bereiteten sie auf
verschiedenste Weise zu. Von ihren Vorräten gaben sie ihrem Mann,
ihrem Vater, der Mutter, dem Schwiegervater, der Schwiegermutter, den
Geschwistern, Kindern und Vettern ab. Zusätzlich mußten in Not-
zeiten während großer Trockenheit die Jagdbeute und die Früchte
gemeinsam zwischen allen Mitgliedern der Gemeinschaft geteilt
werden.

Grundsätzlich waren daher die Ureinwohner glückliche Menschen,
obwohl das Land unendlich arm war an Lebensmitteln. Wenn aber die
Jäger nach Hause zurückkamen, war die Freude über die Jagdbeute
groß.

Der ritualisierte Krieg

Das Leben der Stammesmitglieder wurde nicht leichtsinnig geopfert.
Mord mußte aber mit Blutvergießen bestraft werden. Denn nur Blut
konnte geflossenes Blut rächen. Wenn der richtige Mörder nicht
gefunden werden konnte, mußte sofort eine Strafexpedition ausgeschickt werden, um den Tod zu rächen. Drohte ein Überfall auf das
Lager, dann rief der Häuptling zu einem Kriegszug auf, um der
Drohung zuvorzukommen. Zunächst schickte der kriegslustige Häuptling einen Boten aus, um den ihm befreundeten Häuptling zur Teilnahme aufzufordern. Dieser Häuptling mußte nun der Aufforderung
Folge leisten, wenn er nicht die Rache seines Freundes auf sich ziehen
wollte. In der Regel wurde noch ein drittes benachbartes Lager zum
Kriegsbündnis aufgerufen.

Nachdem sich die Kriegspartner auf dem Lagerplatz versammelt
hatten, schmückten sie sich mit schwarzen Streifen über der Brust und
drei kurzen schwarzen, weißgeränderten Strichen über den Bauch,
während der einheimische Häuptling Kriegslieder anstimmte. In der
Nacht suchten sich die Krieger in die nötige Kampfwut zu versetzen.
Sie luden befreundete Frauen ein, um mit ihnen sexuell zu verkehren.
Dazu gehörten auch Frauen, die ihnen sonst streng verboten waren,
z.B. ihre eigenen Schwestern, die Schwiegermütter oder Tanten. Diese
Exzesse sollten bewirken, daß ihr Kampfmut im Bauch entbrannte.
Ferner öffneten sich die Krieger mit spitzen Knochen ihre Beschnei-

dungswunde am Penis und ließen sich gegenseitig das Blut auf die rechte Schulter fließen, damit ihr rechter Arm sehr stark würde. Ein großes Lagerfeuer wurde angezündet, um das bis spät in die Nacht hinein getanzt und gesungen wurde:

> »*Von wo sind die, die sehr weit wandern.*
> *Sie haben sich sehr schwarz bemalt.*
> *Stoß Deinen Penis mit dem spitzen Knochen,*
> *An den Rand des Penis setze den Knochen an!*
> *Wie Wasser fließt das Blut aus dem langen Penis*
> *über die Schulter des Vordermannes.*
> *In meinen eigenen Speerwerfer lege ich den Speer hinein.*
> *Der Speerwerfer wird den Speer sehr weit werfen.*
> *Der Speer trifft den Feind, der Speer trifft.*
> *Der Speer mit den Widerhaken durchlöchert und zerfleischt die Feinde.*
> *Der Speer klatscht an die Seite des Feindes.*
> *Er trifft ihn tödlich, er trifft ihn tödlich,*
> *Er kann den Speer nicht aus seiner Wunde herausziehen.*
> *Wie ein Vogel stürzt der Getroffene zu Boden,*
> *Wie der Himmel brach er zusammen.*
> *Wir reißen ihm die Eingeweide heraus und fressen ihr Fett,*
> *Nachdem wir die Haut weggezogen haben.*«

Um die Mordlust an ihren fest schlafenden Feinden noch zu erhöhen, sangen sie weiter folgende Verse:

> »*Auf die Nase schlagen wir sie, wir schlagen sie auf die Nase.*
> *Wir schlagen sie auf den Nasenrücken.*
> *Die Feinde sind blind, sie sind blind.*
> *Ihr Haupt klebt am Boden.*
> *Der rechte Arm ist schlaff, ihr rechter Arm ist schlaff.*
> *Sie können ihre Schulter nicht mehr bewegen.*«

Am anderen Morgen versammelten sich die Männer, steckten ihre Speere in die Speerwerfer und marschierten in die Nähe der feindlichen Niederlassung. Hier tranken sie etwas Wasser, fasteten dann aber, indem sie keine feste Nahrung mehr zu sich nahmen, um die ganze

William Ricketts Sanctuary.
Die heldenhaften Urväter schufen nicht nur die ersten Menschen,
sondern zeigten ihnen auch die heiligen Zeremonien und gaben ihnen
die Stammesgesetze und heiligen Tjurungas.

folgende Nacht hindurch Wache zu halten und ihre Opfer in Augen-
schein zu nehmen. Von diesem versteckten Platz sandten sie eine Expedition von Botschaftern aus, die zurückkamen mit der Meldung: »*In
dem Lagerplatz sind viele Leute!*«

Unmittelbar vor Tagesanbruch, wenn auf dem feindlichen Lagerplatz
alles im festen Schlaf lag, teilte der Häuptling an seine Krieger einige
Kriegstrophäen aus, verfertigte Haarschnüre von Verstorbenen,
Beuteldachsschwänze und andere Utensilien, die die Kriegswut
verstärken sollten. Dann schlichen sie sich an den feindlichen Lagerplatz heran, umstellten ihn, und mit dem Ruf »wei, wei, wei« schlugen
sie zuerst auf die schlafenden Männer los und speerten sie, um dann
mit dem Ausruf »ku, ku ku« die Frauen mit Stöcken totzuschlagen. Die

kleinen Kinder packten sie an den Füßen und schlugen ihre Köpfe auf Steine oder suchten sie auf dem Boden zu zerschmettern. Nachdem sie ihr Mordwerk vollbracht hatten, zogen sie ihre Speere aus den Körpern der Erschlagenen und schlitzten ihnen den Bauch auf, um etwas von dem rohen Bauchfett zu verzehren. Die Toten ließen sie unbegraben zurück und traten den Heimweg an.

Unterwegs wuschen sie ihre Hände und Speere vom Blut in den Wasserlöchern, wobei sie das mit Blut vermischte Wasser ihren jungen Männern gaben, um sie noch stärker werden zu lassen. Nach Hause zurückgekommen, wurden die Krieger von ihren Frauen mit den Worten empfangen: »*Ihr habt sehr viele Leute erschlagen.*« Zur Belohnung bekamen sie einen Brei aus pflanzlicher Kost, den sie wieder ausspucken mußten, um nicht den Tod von Feindeshand fürchten zu müssen. Danach sättigten sich die Männer an dem ihnen vorgesetzten Brei.

Um die Streitigkeiten zwischen zwei Lagern zu schlichten, gab es auch die Möglichkeit, daß ein Mann mit seiner Frau als Friedensbote zu dem anderen Lagerplatz geschickt wurde. Hier konnte man die Bereitwilligkeit der Gegner herausfinden, indem der Bote seine eigene Frau den Bewohnern des feindlichen Lagerplatzes zum Sexualverkehr anbot. Wurde das Angebot angenommen, wobei die Krieger des befeindeten Lagers mit seiner Frau verkehrten, konnten die Waffen schweigen, und die Spannungen wurden auf friedliche Art und Weise geschlichtet. Damit war dann die ganze Sache abgetan. Unmittelbar danach konnte man oft beobachten, daß die Widersacher friedlich nebeneinander am Lagerfeuer saßen.

Die Bestrafung von Fehlern

Wer schwere Zeremonienfehler beging, mußte sterben! Die Todesstrafe wurde auch an denjenigen Personen vollzogen, die sich wissentlich oder unwissentlich eines Sakrilegs oder einer Kultstörung schuldig gemacht hatten. Wenn ein Mann z.B. die TJURUNGA-Hölzer den Frauen und Kindern zeigte oder Geheimnisse der Männer an sie verriet, wurde er von den jungen Männern auf Befehl des Häuptlings erschlagen. Das gleiche Los traf den, der sich ohne Auftrag in unmittelbarer Nähe der

Heiligen Höhlen erblicken ließ. Wenn ein Unberufener in die Nähe der Männer kam, die mit der Herstellung von TJURUNGAS beschäftigt waren, und zusah, so wurde er ebenfalls von ihnen getötet. Sogar das Zuspätkommen zu den Zeremonien wurde auf Befehl des Häuptlings von den jungen Männern mit dem Tode bestraft. Diese Strafe traf auch eingeladene Gäste, nur daß sie hier von älteren Männern vollzogen wurde. Das gleiche Los traf auch die Schauspieler, die sich bei den Zeremonien willkürliche Änderungen der Rituale zuschulden kommen ließen.

Das Rechtsgefühl der Arandas trat zurück, wenn es sich um die Bestrafung eines nahen Verwandten handelte. Dann nämlich solidarisierten sie sich zu größter Parteilichkeit. Nun fragte man nicht mehr nach Recht oder Unrecht, sondern ergriff von vornherein die Partei seines Verwandten. In der Regel kam es zu einer großen Schlägerei, an der sich Männer und Frauen, ja sogar Kinder und Krüppel beteiligten. Während die Frauen wie wahnsinnig in hüpfender Weise, den einen Fuß nachschleppend und einen Stock vor sich oder über sich schwingend, die Reihe der Männer umtanzten, wogte ein Männerknäuel unter lautem Geschrei hin und her, und der Bumerang klatschte wütend an die Schilde. Unter Umständen bekam der Betroffene mehr Prügel als der Übeltäter. Sobald der letzte einen Stich oder Schnitt im Bein hatte, hörte der Kampf auf. Die Verwandten versorgten die Wunde, und die Frauen begannen ein fürchterliches Geheul. Damit war der Streit endgültig beigelegt.

VII.

Der Tanz der Heilung
und der Zauberei

»In der gesamten Schöpfung, sei es in den Tieren,
in den Reptilien, den Vögeln und Fischen,
Pflanzen und Bäumen sind geheime Heilkräfte Gottes
verborgen, die kein Mensch wissen kann,
wenn sie einem nicht von Gott selber geoffenbart wurden.«
(Hildegard von Bingen)

Von Zauberdoktoren und Zaubersprüchen

Wie die Germanen glaubten auch die Ureinwohner, daß alle Krankheiten durch böse Geister verursacht wurden, die man durch Zaubersprüche vertreiben konnte. Auch wir bezeichnen heute noch die einschießenden Rückenschmerzen als »Hexenschuß«. Bei ernsten Krankheiten wurde gewöhnlich der Zauberdoktor zur Hilfe gerufen. Seine Aufgabe war es, die Krankheitserreger aus dem Körper zu entfernen, Holzsplitter herauszunehmen, Schlangengift auszusaugen oder mit Zaubersteinen magische Kräfte auf den Kranken zu übertragen. Wurde jemand von einer Giftschlange gebissen, so wurde die Wunde besprochen, wobei folgende Formel gebraucht wurde:

»*Die Kehle der Schlange hat das Fleisch des Gebissenen zerrissen.*
Die Schlange, sie ist tödlich verletzt, sie ist tödlich verletzt.«

Darauf brannte man die Wunde mit einem kleinen Feuerstock aus, oder sie wurde verätzt. Wurde der Eingeborene in den Fuß gebissen, so schnürte man ihm den Unterschenkel ab. Wenn der Unterschenkel eine Bißwunde hatte, so wurde der Oberschenkel unterbunden. Zusätzlich hatte der Zauberdoktor das Schlangengift mit seinem Munde auszusaugen. Vereiterte Geschwüre und Furunkel wurden von den Arandas mit gelbem Ocker bestrichen, und man sang folgendes Lied dabei:

»*Schwären verschwindet, ihr gelben Schwären verschwindet.*
Aus den Schwären fließt der Eiter heraus,
Der dicke Eiter fließt heraus.
Wie Wasser fließt der Eiter heraus, der klare Eiter fließt heraus.«

Wie bei den Griechen die Asklepiosschlange, so waren auch bei den
Arandas die Schlangenurväter für die Heilung zuständig. Der Medizin-
mann besaß seine magische Kraft durch die Heilungszeremonie der
Schlangenurväter:

> *»Laß ihn den Grund der Wunde aufwühlen,*
> *Töte sie mit einem Stock.*
> *Laß ihn entlanggleiten in der Schlangenspur.*
> *Der Schlangenschwanz säuselt durch die Luft.*
> *Der gebrochene Rücken der Schlange säuselt durch die Luft.*
> *Im Schlangenloch soll sein Kopf schwarz aufleuchten.*
> *Sein Kopf soll zwischen den Augen schwarz aufleuchten.*
> *Ohne Narbe soll das Schwanzende heilen.*
> *Der Mund heilt ohne Narbe.*
> *›Mein Mund heilt ohne Narbe.*
> *Mein Mund wird wieder ganz gesund.‹*
> *Das Schwanzende wird wieder ganz gesund werden.*
> *In der Schlangenspur soll er durch die Luft gleiten.*
> *Laß seinen breiten Schlangenrücken durch die Nacht säuseln.«*

Die Heilkraft der Pflanzen

Die Eingeborenen glaubten, daß den Wurzeln und Rinden der Bäume
von Natur aus eine eigene Heilkraft innewohnte, die sich auf die
Kranken übertrug. Bei leichteren Krankheitsfällen wurde aus den Blättern oder Wurzeln von gewissen Bäumen und Sträuchern eine Art
Hausmedizin hergestellt, die man entweder trank oder zum Waschen
der leidenden Teile benutzt. Das Lebenselixier der Arandas war der
Eukalyptusbaum. Als Universalheilmittel galten alle Teile des Baumes,
besonders das Eukalyptusöl, das Medikament Nummer eins. Die
Verwendung des Teatree-Öls als Heilmittel verdanken wir den Ureinwohnern, die es als Wundheilmittel einsetzten. Heute kann man die
wundheilenden, desinfizierenden bakteriostatischen und sogar virus-
statischen Eigenschaften wissenschaftlich nachweisen und klinisch
bestätigen. Auch Hildegard von Bingen hat auf die Heilkraft der
Myrthengewächse in ihrer Heilkunde hingewiesen.

Die jahrtausendealte Existenz der schwarzen Australier ist der beste
Beweis, daß der Mensch in der Lage ist, durch schöpfungsorientiertes
Bewußtsein unter extremsten Lebensbedingungen und Entbehrungen
gesund zu überleben. Erst als die Kultur der Ureinwohner verlorenging und sie sich unserer Zivilisation anschlossen, nahmen sie das
Gift zu sich, das wir als Genuß- und Lebensmittel anpreisen, und sie
wurden krank, hilflos und abhängig.

1. Schnupfen

Die am häufigsten in Zentralaustralien auftretende Krankheit war der Schnupfen, der im Winter bei jedem schnellen Witterungswechsel auftrat und fast alle Lagerbewohner ergriff. Gegen diese Krankheit bereiteten sich die Arandas eine Medizin aus der Rinde des Akazienstrauches, die sie mittels eines Steines ausklopften. In einer Mulde wurde Rindenbrei mit Wasser übergossen und in die Sonne gestellt, bis das Wasser etwas warm geworden war. Von dieser Lösung tranken sie einen Teil, mit dem Rest wuschen sie sich den Kopf.

Bei lang andauerndem Schnupfen wurde ein Riechholz hergestellt, wobei man das australische Fichtenholz aus den Bergen zerkleinerte und auf dem Feuer verbrannte. Der stark aromatische Rauch wurde eingeatmet, und in den meisten Fällen verschwand der unangenehme Schnupfen.

2. Kopfschmerzen

Gegen langanhaltende Kopfschmerzen wurde der Kopf mit dem Extrakt aus den Dodonaea-viscosa-Zweigen gewaschen. Bei starkem Kopfweh wurde eine Melotria-maderaspatana-Ranke um den Hinterkopf gewickelt oder ein Aufguß aus der zerklopften Ranke hergestellt, um den Kopf damit zu waschen.

3. Fieber

Bei hohem Fieber wurden Kopf und Leib mit einem Aufguß von Fichtenzweigen behandelt. Manchmal verwendete man auch einen Aufguß von Eremophila-latrobei-Zweigen, oder man legte über dem Feuer gewärmte Ranka-Ranka-Pflanzen auf die leidenden Teile.

4. Leibschmerzen

Gegen Leibschmerzen wurde ein Aufguß aus der zerklopften Rinde von Acacia-estrophiolata-Bäumen getrunken. Dieses Mittel wurde auch gegen Kopfweh gebraucht. Ebenfalls konnte ein Aufguß aus zerklopften Binsen der Wurzel des Cyperus vaginatus getrunken werden.

5. Durchfall

Gegen Durchfall half ein Aufguß aus der zerklopften Rinde des Gummibaumes Eucalyptus rostrata.

Der Wüstenblutbaum wird an den Rinden geöffnet, um das Harz zu gewinnen. Es hat eine starke medizinische Wirkung bei der Wundheilung, bei Verbrennungen der Haut und bei Augenentzündungen.

5. Zahnschmerzen
Gegen Zahnweh wurde ein kleiner Feuerstock in den Mund gehalten, um damit mutig den schmerzenden Zahn zu brennen.

7. Tumore
Geschwulste wurden mit einem Aufguß aus Tjurkat-Tjurkat-Blättern eingerieben.

8. Augenentzündungen

Sehr häufig traten bei den Arandas Augenentzündungen auf, die nicht
selten zu teilweiser oder gänzlicher Erblindung führten – ein Beweis
dafür, daß es dagegen wohl kein Mittel gab. Bei diesen starken Entzündungen ging man zum Zauberdoktor, der feurige Kohlen oder eine Art
Kalkkörner aus dem Auge herauszuziehen versuchte. Andere Arandas
wollten die Entzündungen dadurch heilen, daß sie Achselschweiß auf
die Augen rieben.

9. Die Wundbehandlung bei Brüchen

Die Wundbehandlung war äußerst einfach. Wenn sich ein Aranda
einen Arm oder ein Bein gebrochen hatte, so suchte ein Zauberdoktor
durch Ziehen oder Drücken die gebrochenen Teile in ihre richtige Lage
zurückzubringen. Besonders wenn keine äußere Wunde vorhanden
war, umwickelte man die gebrochene Stelle mit einer Schnur. Blutende
Wunden wurden mit großen, frischen Gummibaumblättern, die im
Feuer gedämpft wurden, belegt, worauf man die Stelle ebenfalls mit
einer Schnur umwickelte. Um ein eingerichtetes Bein in seiner Lage zu
halten, befestigte man eine lange Schnur um den großen Zeh des
leidenden Fußes und schlang das andere Ende um den Hals des
Patienten. Erstaunlicherweise waren die Wundheilungen immer ziem-
lich komplikationslos.

Bei großen Schnitt- und Speerwunden wurde ein Diamant-Sperlings-
exkrement-Pulver in die Wunde gestreut und diese dann mit großen
Gummiblättern oder Spinngeweben bedeckt und mit einer Schnur
umwickelt. Bei kleineren Wunden verwendete man den Sand aus einem
Bach wie Heilerde.

Erstaunlicherweise hatten die Arandas eine gute Wundheilung. Gefähr-
liche Schnitt- und Speerwunden waren nach einigen Wochen wieder
total ausgeheilt. Ein Aranda, dem mit einem Schlachtmesser die Seite
bis an das Rückgrat aufgeschnitten war, so daß die Niere bloßlag,
konnte bereits nach vier bis sechs Wochen wieder herumlaufen,
obwohl die Wunde nicht zusammengenäht, sondern nur mit Olivenöl
behandelt worden war.

10. Schwäche und Kraftlosigkeit
Dem Blut wurde besondere Heilkraft zugemessen. Wenn z.B. ein alter
Mann sehr krank war, so mußte ein junger Mann eine Vene an seinem
Arm unterhalb des Ellenbogens öffnen und das in einem Schild aufge-
fangene Blut dem Kranken als Kräftigungstrunk reichen. Ein Zauber-
trunk zur Kräftigung für alte, schwache Männer wurde auch herge-
stellt, indem man Staub von einer steinernen TJURUNGA abschabte und
in Wasser aufschlämmte (Heilerdeeffekt). Todkranke wurden mit dem
Blut von ihren Verwandten gesalbt, Männer mit dem Vaginalblut der
Frauen, die im engen Verhältnis zu ihnen standen, sowie todkranke
Frauen mit dem Blut, das man aus den Beschneidungswunden der
Männer entnahm.

Die Zauberei der Arandas

Die Zauberei spielte im Leben der Arandas eine große Rolle. Fast jede
ernste Krankheit sowie die meisten plötzlichen Todesfälle wurden auf
Zauberei zurückgeführt. Wurde ein Aranda plötzlich von einer
schweren Krankheit befallen, so versammelten sich die alten Männer,
um den Urheber zu ergründen. Der Verdacht konnte auf irgendeinen
Erwachsenen fallen, der die Zauberei ausübte und der im Besitz von
Zaubergift war.

Zur Zauberei benutzten die Arandas entweder Knochen oder Stäbe,
die für diesen besonderen Zweck zubereitet wurden. Die Zauberkno-
chen wurden aus dem Wadenknochen vom roten oder grauen
Känguruh sowie vom Emu gefertigt. Nach der Reinigung wurden die
Knochen für einige Tage in einen Ameisenhaufen gesteckt, damit die
Ameisen die Knochen nochmals reinigten und ihr Gift, besser ihre
Zauberkraft, auf die Knochen übertrugen. Wenn die Knochen eine
weißliche Farbe angenommen hatten, nahm man sie heraus und befestigte sie am stumpfen Ende mit Pech an einer Schnur aus
Menschenhaaren, ritzte darauf mit einem Steinmesser die eigene Zunge
und spuckte auf sie. Dabei wurde folgende Zauberformel gesprochen:

»Der Zauberknochen zerreißt das Leben und zerbricht
Die Knochen.
Der Getroffene sinkt in die Knie, er sinkt fortwährend in die Knie.«

So wie die Ameisen über die Knochen herfielen, so sollte das von den Zauberknochen ausgehende Gift das Fleisch des Feindes verzehren. Schließlich wurde der Knochen mit Blut, das man aus seiner eigenen Beschneidungswunde entnahm, bestrichen und mit Vogel-daunen beklebt. Die Knochen wurden in einer Wallaby- oder Kän-guruh-Tasche aufbewahrt und auf Wanderungen ständig mit sich herumge-führt, wobei sie vor den Frauen und Kindern geheimgehalten wurden.

Vor dem Gebrauch wurden die gespitzten Zauberknochen mit einer magischen Zauberformel besprochen. Dazu wurden sie an den Stamm eines Baumes gelegt, wobei sich mehrere Arandas zu beiden Seiten der Hölzer niederließen und sich mit ihrem Oberkörper vornüber beugten, so daß ihre Köpfe sich gegenseitig berührten. Dabei murmelten sie folgende Verwünschungen:

»Mögen die Zauberhölzer ihn um Mitternacht immer beißen.
Auf den mit Blut Überströmten zielt er mit den Zauberhölzern.
Mögen sie seinen Bauch aufschlitzen und ihn mit Blut rot färben!«

Die Magie der gespitzten Knochen

War jemand ein großes Unrecht zugefügt, z.B. sein TJURUNGA-Stein zerbrochen oder gestohlen, seine Frau verführt oder einer seiner Ver-wandten erschlagen worden, so begab sich der Geschädigte im Schutze der Dunkelheit in die Nähe des Lagerplatzes seines Feindes. Nun band er sich im Versteck die Schnur der Zauberknochen um seinen rechten Oberarm, so daß der ganze Unterarm von der Hand bis zur Unterbin-dungsstelle gestaut wurde. Dann faßte er den Zauberknochen mit der rechten Hand, legte den Zeigefinger darauf und zielte mit einigen stechenden Bewegungen nach seinem ahnungslosen Feind. Dadurch ging das in den Zauberknochen enthaltene Gift in dessen Körper über und verursachte ihm brennende Schmerzen im Bauch. Wollte er jedoch den Tod seines Feindes herbeiführen, so verbrannte er die Zauberkno-chen, worauf der Feind schwer krank wurde und starb.

An der Wirkung der Zauberknochen zweifelten die Arandas keinen Augenblick. Wenn der Feind erfuhr, daß er von einem anderen mit Zauberknochen gestochen wurde, so war schon die Furcht alleine imstande, ihn krank zu machen, ja selbst seinen Tod herbeizuführen, sofern es dem Zauberdoktor nicht gelang, das beigebrachte Gift wieder aus seinem Körper zu entfernen.

Eine andere Weise des Umgangs mit dem Zauberknochen bestand darin, sich in die Nähe des Lagerplatzes seines Feindes zu schleichen, ihm den Rücken zuzukehren, und den Kopf so tief herabzubeugen, daß er seinen Feind zwischen den gespreizten Beinen hindurch erblicken konnte. In dieser Stellung führte er die stechenden Bewegungen mit dem Zauberknochen aus. Auch dieser Akt führte zur Krankheit, wenn nicht gar zum Tod seines Feindes. Die jungen Männer wurden nach der Beendigung der Einweihungsfeiern in die Kunst der Zauberei mit den Zauberknochen eingeführt. Alle hielten sich an die Regeln, und jeder war von der Wirkung überzeugt.

Die Zauberei der Frauen

Auch die Aranda-Frauen waren in die Kunst der Zauberei eingeführt, wozu sie sich ebenfalls sehr dünne Stecken präparierten. Beim Ehebruch ihres Mannes ließ die gekränkte Ehefrau, die sich ja nicht anders rächen konnte, ihren ganzen Zorn an der Nebenbuhlerin aus. Wenn sie sich zu schwach fühlte, diese mit einem Knüppel zu verprügeln, so nahm sie ihre Zuflucht zur Zauberei, die gewöhnlich folgendermaßen ausgeführt wurde:

Zwei Frauen fertigten sich zunächst zwei längere Stöcke. Dann sammelten sie Beinknochen und Zähne von Känguruhs, schnitten sich Haupt- und Schamhaare ab, flochten es und befestigten es an den Enden dieser Stöcke mit Pech. Nun banden sie die Stöcke an zwei Halsbänder, befestigten diese und machten daraus ein dünnes Bündel. Diese Stöcke wurden mythische TJIMBARKNA-Frauen, d.h. Zauberpuppen, genannt. Darauf zündeten sie ein großes Feuer an, in dessen Nähe sie die beiden Zauberpuppen in den Boden steckten, und führten den Frauentanz auf. Dabei sangen sie:

> *Die* TJIMBARKNA *hängen da, die Feindin schrumpft zusammen.*
> *Ihre gebleichten Zähne hängen da, ihr Gehirn hängt da.*
> *Ihr Augapfel quillt hervor, sie hat einen sehr großen Kopf.*
> *Die* TJIMBARKNA *brechen das Leben der Feindin ab,*
> *Die Rächerin bricht den Lebensfaden ab.*«

Nach dieser Zeremonie wurden die Stöcke mitsamt den Halsbändern und den Knochen verbrannt, worauf die Nebenbuhlerin, auch wenn sie in einem weit entfernten Lagerplatz war, krank wurde und nach einigen Tagen starb. Wenn der Zorn jedoch schon durch die schwere Erkrankung gestillt war, bestrich man das Zaubergerät mit Fett und roter Farbe, tauchte es in Wasser und verbarg es an einem abgelegenen Ort. In diesem Falle mußte die Rivalin nicht sterben.

Die Einweihungszeremonie der Zauberdoktoren

Der junge Zauberdoktor erhielt seine Kraft und Stärke durch die Einweihung eines bösen Wesens, das ihm zunächst seinen Verstand und sein Gehör raubte und ihn ganz verrückt machte, so daß er die ganze Nacht ohne Rast und Ruh im Freien herumlief. Auf dieser Wanderung warf der Böse Zaubersteine nach ihm, die in seinen Körper eindrangen, und zwar in den Oberschenkel, in die Brust, die Zunge, Kopf und Fingerspitzen. Diese Zaubersteine hatten die Größe von Erbsen und waren von schwarzer, roter, gelber und weißer Farbe. Der Böse führte darauf den umherirrenden Menschen in den Eingang seiner Höhle, wo er ihn so oft auf den Boden warf, bis er bewußtlos liegenblieb. Dann trieb er ihm mittels eines Speerwerfers ein Känguruh-Wadenbein in seinen Hinterkopf und steckte ihm in Schulter und Hüften größere, in den Bauch kleinere Zaubersteine. Mit Tagesanbruch führten zwei andere böse Wesen den Bewußtlosen in die Nähe seines Lagerplatzes zurück, wobei sie ein meckerndes Gelächter ausstießen, das von den Lagerbewohnern gehört wurde. Zwei ältere Zauberdoktoren gingen dem neuen Kollegen entgegen, umarmten ihn und trieben dann die beiden bösen Wesen von ihm weg, die darauf in ihre Heimat zurückgingen.

Die beiden älteren Zauberdoktoren führten den jungen Mann nun an seinen Lagerplatz, wo er zunächst niemand erkannte, nicht einmal seine nächsten Verwandten. Dann steckten sie ihm einige Steine aus ihrem Körper in sein Ohr, wodurch er sein Gehör wiedererlangte. Doch fühlte er sich so krank und müde, daß er den ganzen Tag schlief und zusehends abmagerte. Nachdem die älteren Zauberdoktoren auf die Jagd gegangen waren, kamen sie mit dem Wild zurück, um ihren jungen Kollegen wieder gesund zu pflegen.

Nach der Mahlzeit prägten sie dem neuen Zauberdoktor ihren Ehrenkodex ein:

»Du sollst Dich nicht hinlegen oder hinknien zum Trinken, wie es die Ochsen tun, sondern immer das Wasser mit einer kleinen Mulde schöpfen!
Du sollst kein hartes Fleisch essen, zum Beispiel den Kopf, die Beine und das Fell des Wildes.
Du sollst auch nicht die Knochen zerschlagen, sondern du sollst das weiche Fleisch, wie zum Beispiel die Leber, Lunge, Herz, Gedärme usw. essen.
Du sollst kein Fett essen, sondern nur deinen Leib damit einreiben!
Du sollst den alten Zauberdoktoren Abgaben an Fleisch entrichten!«

Die Befolgung der Vorschriften wurde ihm strengstens zur Pflicht gemacht, denn bei Nichtbeachtung würden die Zaubersteine seinen Leib zerschneiden, und die Heilkunst ginge verloren.

Am Abend versammelten sich die Zauberdoktoren mit den alten Männern. Ein alter Zauberdoktor erfaßte die Zunge seines jungen Kollegen, zog sie ein wenig heraus und schnitt mit einem spitzen Stein ein Loch in die Spitze. Jetzt war der junge Zauberdoktor in der Lage, mit seiner Zunge die bösen Zauberkräfte aus dem Körper seiner Patienten herauszusaugen. Dabei sangen sie folgendes Lied:

»Ein Loch in der Zunge, ein Loch in der Zunge
Will ich einritzen, will ich einritzen.«

Über die Zeremonie mußte der neue Zauberdoktor Stillschweigen bewahren. Zum Schluß wurde gemeinsam ein Brot geteilt, und die Zauberdoktor-Zeremonie kam damit zum Abschluß.

Die Kunst des Zauberdoktors bestand hauptsächlich darin, den bösen Einfluß feindlich gesinnter Menschen und böser Wesen unschädlich zu machen. Er wurde zu schweren Krankheitsfällen gerufen, egal ob die Krankheit durch Zauberei oder durch böse Wesen oder von Skorpionen, Tausendfüßlern, Schlangen usw. verursacht worden war. Seine Hauptaufgabe war es, die schmerzhafte Stelle mit seinem Munde auszusaugen und die Krankheitserreger – Knochen, Holzstücke, Schnüre, Speerspitzen usw. – herauszusaugen. War die Krankheit des Patienten leichter Art, so strich er nur mit seiner Hand an den Schenkeln des Kranken herab.

Der Zauberdoktor hatte auch die Gabe, die sich auf Bäumen und Felsspalten aufhaltenden Kinderkeime sowie die auf den Gräbern sitzenden oder in der Nähe umherwandernden Seelen der Verstorbenen zu sehen. Auf diese Art und Weise hatte er die Fähigkeit, verborgene Dinge zu offenbaren, Geburten anzukündigen oder auch den Tod vorauszusehen. Wenn sich z.B. eine feindliche Schar einem Lagerplatz näherte, fiel der Zauberdoktor plötzlich auf den Bauch mit dem Kopf in den Sand zum Zeichen, daß ein oder alle Lagerbewohner bald tot niederfallen würden.

Der Zauberdoktor war berechtigt, für seine Arbeit eine Belohnung zu fordern. Wurde ein von ihm behandelter Kranker gesund, so gab er dem Doktor für seine Bemühungen die hintere Hälfte des erlegten Wildes. Nahm jedoch die Krankheit einen tödlichen Verlauf, so hatte der Zauberdoktor keinen Anspruch auf Entlohnung.

Pflanzliche Lebensmittel

Für die Beschaffung und Zubereitung der Pflanzenkost waren die Frauen zuständig. So wie für uns das Brot, war die Jelka-Frucht (Cyperus rotundus) die hauptsächlichste Pflanzennahrung der Ureinwohner. Man kann sie fast überall im Innern Australiens finden. An den Wurzeln dieses Jelka-Grases bilden sich weiße, erbsengroße Knöllchen, die wie Zwiebeln von braunen Hülsen umgeben sind und schichtweise einige Zentimeter tief im Boden liegen. Sobald im Sommer ein starker Regen gefallen ist, keimt und treibt das Jelka-Gras schneller als alle anderen Gräser. In wenigen Tagen bedecken seine grünen Halme große Flächen des wüstenartigen gelben Bodens. An den Wurzeln setzen kleine Knollen wie Kartoffeln an, die von den Frauen ausgegraben und gereinigt werden, wobei sie so lange in einer Mulde geworfen werden, bis sie von den beigemischten Steinchen und Körnern befreit sind.

Die Knollen wurden im Lagerplatz geröstet: Die Frauen schütteten sie in heiße Asche, bis sie gar waren. Dann wurden die Körner mit der

Männer und Frauen hatten ganz verschiedene Lebensaufgaben. Der
Ehemann war für die Jagd verantwortlich, während die Ehefrau mit
ihren Kindern Pflanzen und kleine Tiere sammelte, die sie in ihren
Holzschüsseln aufbewahrte und auf dem Kopf balancierte.

flachen Hand aus den Hülsen befreit. Jetzt erst wurden sie gegessen, und zwar meist nur drei bis vier Körner auf einmal, so daß eine solche Jelka-Mahlzeit lange Zeit in Anspruch nahm. Auch die anderen verschiedenen Grassamen wurden von den Frauen gesammelt und auf flachen, glatten Steinen mit Wasser zu einem dicken Brei verrieben, der auf dem Holzkohlefeuer wie ein Fladen gebacken wurde.

In trockenen Zeiten, wenn es weder Jelka noch andere Sämereien gab, gruben die Frauen nach Schilf- und Rohrwurzeln, die sie mit einem spitzen Stein abschlugen, von der Rinde befreiten und in der Sonne trocknen ließen. Dann röstete man sie in heißer Asche, klopfte sie mit einem Stein und verrieb sie mit Wasser zu einem dicken, recht geschmacklosen Brei.

In regenreichen Zeiten wachsen in Zentralaustralien viele Beeren und Früchte, die ebenfalls gesammelt und gegessen wurden. Unter den ver-schiedensten Früchten ist wohl die Carissa-braunii-Beere die wohl-schmeckendste. Die Beere ist schwarz und hat die Größe und Gestalt einer kleinen Bohne. Auf den Berghängen wachsen die schwarzen Beeren des Cantium-latifolium-Baumes, die an den Geschmack von Backpflaumen erinnern. Größer sind die einheimischen Kirschen, sie haben aber einen widerlichen Bei- und Nachgeschmack. Auch die wilden Pfirsiche mit einem großen rauhen Stein und einer dünnen säuerlich schmeckenden Fruchtschicht sind nicht besonders appetit-lich. Voller Kerne, doch von angenehmem Geschmack sind die wilden Zitronen (Caparis numularia), die an einem stacheligen Strauch wachsen. An steinigen Ufern finden sich die wilden Orangen (Caparis mitschelli) mit herrlich weißen Blüten, die aus dunkelgrünem Laub hervorleuchten. Die lieblich duftenden Früchte haben aber für uns einen abscheulichen Geschmack nach faulen Eiern. Auf steinigem Boden gedeiht ferner der wilde Feigenstrauch mit runden, rötlichen, von Kernen erfüllten, fast geschmacklosen Früchten.

In guten Jahren sammelten die Frauen ganze Mulden von honighal-tigen Blüten (Grevillea junctiv.), die sie ins Wasser legten und dann wieder aussaugten oder im Wasser auspreßten. Sehr beliebt war auch eine zuckerhaltige, weiße Masse, die eine Raupe auf den Gummibaum-blättern niederlegt. In manchen Jahren produzierten die Akazien-zweige eine Art Honig, der ebenfalls gesammelt und gegessen wurde. Auch der sich in den Knollen einer Eukalyptus-Art befindende Honig war eine beliebte Speise. Der von den Honigbienen in hohen

An Wasserlöchern gedeiht
der wilde Feigenstrauch,
der runde, fast geschmacklose
Früchte trägt.

Die Mulgasamen werden geröstet
und zu Paste gemahlen, die wie
Erdnußbutter schmeckt.

Honighaltige Grevillablüten sind eine Wüstendelikatesse. Der Nektar
wird aus der Blüte gesaugt, oder die Blüten werden ins Wasser gelegt,
um süße Getränke herzustellen.

Gummibäumen getragene Honig wurde von den Arandas ebenfalls
sehr gerne gegessen. Beliebt waren weiterhin die Honigameisen, wobei
man einfach den von der süßen Flüssigkeit angeschwollenen Hinterleib
abbiß und auslutschte.

Das »Nationalgetränk« der Arandas war Wasser, das sich fast
überall in den Flußläufen Zentralaustraliens fand. Es wurde gewöhnlich von den Frauen in Mulden auf dem Kopf zum Lagerplatz getragen.
Bei Expeditionen in wasserarme Gebiete nahmen die Eingeborenen
auch Wasser in Wassersäcken aus Wallaby-Fellen mit. In Wüsten-
gegenden, wo meilenweit kein Wasser zu finden war, gewann man
Feuchtigkeit aus den Wurzeln der Bäume, wobei man entweder den
Grasbaum oder den mit Emufuß-förmigen Blättern bewachsenen
Ngaltabaum nahm.

Tierische Lebensmittel

Für die Beschaffung und Zubereitung der Fleischkost – alle Tiere,
Vögel, Amphibien, Käferlarven usw. – hatte der Mann zu sorgen. Mit
mehreren Speeren und einem Speerwerfer in der Hand, von einem oder
mehreren halbzahmen Hunden begleitet, begab er sich morgens auf die
Jagd, meistens in Gesellschaft seiner Freunde. Man ging nebeneinander
her, die Augen fortwährend auf den Boden gerichtet und nach frischen

Jagdszene mit Speerwerfer und Speer.

Fährten spähend. Bei günstigem Wind war die Jagd meistens erfolgreich. Bei der Jagd auf graue Känguruhs wurde zuweilen das Gras in
einem großen Halbkreis angezündet und das aufgescheuchte Wild
gespeert. Man erlegte in der leidenschaftlichen Jagdgier alles erreich-
bare Wild, selbst wenn man gar nicht imstande war, die ganze Beute
nach dem Lagerplatz zu schleppen.

Von den Vogelarten wurden meistens der Emu, der wilde Puter, der
Adler und in regenreichen Jahren auch der Pelikan mit dem Speer
erlegt. Die kleinen Vögel – wie die verschiedenen Kakadus und
Taubenarten – wurden nicht gespeert, sondern mit Bumerang, Stöcken

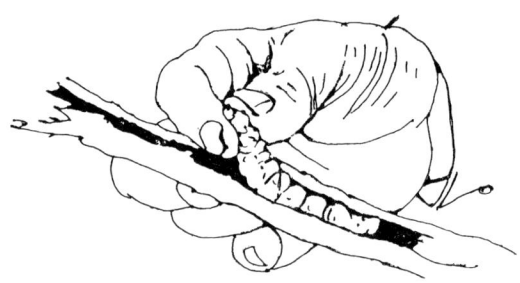

Ein besonderer Leckerbissen sind die Witchettygrub-Larven, die sich
an den Wurzeln des Witchetty-Busches aufhalten. Die Larven enthalten
hochwertige Eiweiße und kein Cholesterin, also ein ideales Lebensmittel.

oder Steinen totgeworfen. Als Leckerbissen waren die fetten Waranus-
Eidechsen sehr geschätzt. Auch das Fleisch der Schlangen, sowohl der
giftigen als auch der ungiftigen, wurde gebraten und verzehrt. Die Gift-
schlangen wurden gespeert oder totgeschlagen, die ungiftigen packte
man am Kopf und zerbiß ihnen das Genick. Frösche wurden gerne
gegessen, das in ihnen eingespeicherte Wasser nach dem Braten
getrunken. Man fing sie mit der Hand und drückte ihnen einfach die
Kehle zu.

In der trockenen Jahreszeit hielten sich die Fische meistens in den
tiefen Wasserläufen in Quellgebieten des Finke- und Ellery-Flusses auf.
Wenn jedoch in den Monaten Januar bis März die tropischen Regen
fielen, so führen die von den MacDonnell-Bergen herabstürzenden
Wassermassen unzählige Fische aus den Flußlöchern mit sich, die man
mit verschiedenen Techniken fangen konnte. Entweder wurden sie mit
einem Fischspeer an eine enge, steinige Stelle im Bachbett getrieben und
mit großer Geschicklichkeit gespeert, oder es wurden Sträucher und
Gras in flaches, langsam fließendes Wasser geworfen, damit die vorbei-
schwimmenden Fische sich darin verwickeln und bequem mit der
Hand herausgenommen werden konnten.

Einen besonderen Leckerbissen bildeten die verschiedenen Insekten-
larven, die sich in den Wurzeln oder Rinden verschiedener Bäume aufhalten. Die unter der Rinde der Gummibäume lebenden Larven
wurden mit kleinen, spitzen Stecken hervorgeholt und gleich roh

verzehrt. Sie sollen süß wie Zucker schmecken; einige behaupten, der Geschmack erinnere an gekochte Eidotter oder Nüsse.

Die Zubereitung des Wildes war sehr einfach. Wenn der Aranda ein Wild erlegt hatte, trank er zunächst das rohe Blut, weidete das Tier gleich an Ort und Stelle aus, briet die Eingeweide ein wenig an und verzehrte sie. Das übrige Fleisch wurde erst am Lagerplatz gebraten. Dazu machte man eine Art Furche in die Erde, in der mit trockenem Holz oder Reisig ein Feuer angezündet wurde, und warf das Wild mit Haut und Haaren hinein, um die Haare abzusengen. Wenn die Tiere fertig gebraten waren, schabte man mit dem Steinmesser die Haut ab, trennte Beine und Schwanz ab und machte einen Einschnitt in die rechte Seite des Wildes, um die Eingeweide herauszuholen. Sie wurden erneut gebraten und mit größtem Appetit verspeist. Sobald das Fleisch gar war, nahm man es aus der Furche heraus, legte es auf eine Unterlage von Zweigen, schnitt es quer in der Mitte durch und verzehrte das festgewordene Blut. Dann tranchierte man das ganze Tier. Zum Schluß teilte man das Wild nach der bereits beschriebenen Regel unter seinen Freunden aus.

Eine besondere Delikatesse war der Stacheligel (Echidna). Der Aranda spülte ihn zuerst mit Wasser ab, legte ihn dann in heiße Asche, schabte mit dem Steinmesser die Stacheln ab und verzehrte ihn. Wenn er das Fleisch gegessen hatte, zerklopfte er, mit untergeschlagenen Beinen dasitzend, die Knochen und sang dabei den Ameisenigel-Gesang:

»Bedauernswerter! Du bist um den Stein herumgegangen!
Bedauernswerter! Du bist um das Stachelschweingras
herumgegangen!
Bedauernswerter! Und wenn ich dich nicht gefangen hätte,
Würdest du auf den steilen Felsen gefallen sein!«

Nachwort

Das Ende der Ewigkeit

Die Begegnung mit den ersten Weißen hatte den Ureinwohnern einen gewaltigen Schock versetzt. Zunächst glaubten sie, ihre eigenen Toten kehrten zurück, bald aber bekamen sie deren »Feuerstöcke« (Gewehre) zu spüren. Allein zwischen 1881 und 1891 wurden im Gebiet von Alice Springs 1.000 Arandas getötet, in anderen Gebieten wurde Kopfgeld gezahlt, und an der Küste wurden die Eingeborenen total ausgerottet. Die Missionsstationen waren die einzigen menschlichen Oasen, in denen sich die Ureinwohner vor den Übergriffen der Eindringlinge sicher fühlten. Solange die Missionare in Hermannsburg waren, konnte ihnen nichts passieren. Carl Strehlow hatte von ihnen den Ehrentitel »Großer INGKATA«, Vater bzw. Häuptling der Arandas, bekommen, weil er sich mit seiner ganzen Autorität gegen die Übergriffe der Weißen einsetzte. In seinen ersten Monaten in Hermannsburg hatte er sich großen Respekt erworben, indem er den legendären Sherif Constable Erwin Wurmbrand zur Raison brachte; dieser war von dem Polizeichef Mounted Constable Willshire beauftragt worden, alle Ureinwohner kurzerhand umzubringen, wenn sie über das Farmland der neuen Eigentümer wanderten. Der Polizeichef war von der südaustralischen Regierung zur sogenannten »Befriedigung« der Ureinwohner eingesetzt worden.

Wurmbrand betrachtete sich als lebendige Inkarnation der britischen Justizbehörden und ritt mit seinen schwarzen Stockmännern durch die Gegend, um nach Gutdünken vagabundierende Ureinwohner einzufangen und zu erschießen. Dazu hatte er sich einen Horrorplatz ausgesucht, den man »Wurmbrands Rockhole« nannte, wohin er seine gefangenen Arandas brachte und alle erschoß, die nicht schnell genug weglaufen konnten. Bei seinem Streifzug kam er so auch nach Hermannsburg, um eine Gruppe von Aranda-Frauen, -Männern

und -Kindern einzufangen und sie im Busch zu erschießen. Ihre aufge-
schreckten Verwandten liefen schreiend zu Carl Strehlow, der ihn wut-
schnaubend anfuhr, die Gefangenen wieder freizulassen und Hermannsburg zu verlassen mit dem energischen Hinweis: »Und komm
niemals wieder hierher zurück, um Menschen zu jagen!« Zu aller Überraschung war Wurmbrand so erschrocken, daß er von seinen Gefangenen abließ, Blechdosen in alle Richtungen herumkickte, sein Pferd
sattelte und mit seiner Eskorte für immer Hermannsburg verließ.

In einem Land, wo Polizei und Farmer wie Feudalbarone in großer
Arroganz alles taten, was in ihren Augen Recht und Gesetz war,
mußten selbst Missionare hart bleiben. Strehlow war hart wie ein Fels,
solange er wußte, daß er auf dem Boden von Gesetz und Recht
handelte und in Übereinstimmung mit dem Willen seines allmächtigen
Gottes war. Willshires Regiment dauerte nicht lange, bis er von F.J.
Gillen, dem Postmeister und Justizbeamten von Alice Springs, verhaftet
wurde und wegen seiner Übergriffe Zentralaustralien nie wieder
betreten durfte.

Aber der Untergang der alten Ureinwohner-Kultur ging unaufhaltsam
weiter. Später wurden Weidezäune durch die Landschaft gezogen und
die jahrtausendealten Wanderwege abgeschnitten. Straßen- und Eisen-
bahnbau zerstörten die Landschaft, Farmer nahmen den Aborigines
das Land weg, und sogar Atombombenversuche wurden in den Wohn-
plätzen der Ureinwohner durchgeführt. Das ganze bewohnbare Land
wurde für die britische Krone zum sogenannten »Crownland«. Das
alles war zuviel. Wer die enge Verbundenheit der Ureinwohner mit
ihrem Land kannte, konnte das Herzeleid und den Kummer ermessen,
den der Verlust ihrer alten Heimat für sie mit sich brachte. Den jungen
Arandas war der Glaube an die Allmacht ihrer göttlichen Urväter
gründlich vergangen, und sie mochten die alten Mythen, Lieder und
Tänze nicht mehr praktizieren.

Heute können die jungen Arandas keine einzige Zeile ihrer alten
Mythologie mehr singen. Die Akkulturation hat uns heute alle erreicht,
Weiße wie Schwarze. Wie unsere Kinder, so laufen auch die Aranda-
Teenager mit Gettoblastern und Technomusik durch die Wüste.

In ihrer Not wandten sich die alten Arandas damals an ihre weißen
Freunde, um ihnen ihre alte australische Mythologie anzuvertrauen.
Carl und Theodor Strehlow waren die einzigen, die aufgrund ihrer

Theodor Strehlow mit seinen zwei schwarzen Führern auf seiner
Forschungsreise zum Hale-Fluß im Mai 1935.

Sprachkenntnisse und Zuneigung in der Lage waren, die alten Gesänge
zu verstehen und aufzuschreiben. Sie forderten Theodor Strehlow
sogar als ersten und einzigen auf, die alten geheimen Zeremonien zu
filmen und mit Tonbändern für die Nachwelt festzuhalten. Nach fast
100.000 Jahren tanzten und sangen die Arandas zum letzten Mal unter
dem Sternenhimmel Zentralaustraliens ihre letzte Zeremonie. Am 30.
Juli 1953 schrieb Theodor Strehlow in sein Tagebuch:

»Es ist ein seltsamer Gedanke, daß nun alles vorbei sein soll. Immer
wenn ich zum Zeremonienplatz schaue, meine ich die göttlichen
Urväter zu sehen. Ich kann nicht verstehen, daß alles vorbei sein

soll und nie wieder zurückkehren kann. Wie am Anfang der Zeit der Tag kam, da die göttlichen Urahnen zu ihrer alten Heimat zurückkehren mußten, so kam nun die Zeit, da die letzten Arandas selber gehen mußten. In meiner Namensliste sind nur noch 30 Männer, von denen nur noch einer zwei Kinder hat, beide Mädchen. Die Sonne, die heute in Maryvale unterging, sah das letzte Aranda-Festival, das nie wieder stattfinden würde. Die Männer werden sterben und nie wieder zurückkommen. Es ist seltsam, den alten guten Geister-Eukalyptusbaum von Taka zu sehen und zu wissen, daß die alten Urväter nie wieder hinter ihm hervorgehen werden, wie sie es so oft in den letzten Wochen dieses Festivals taten. Auch der Gesang von Running Water wird nie wieder zwischen den Geisterbäumen der Simpson-Wüste erklingen oder von den Landdünen von Hugh zurückschallen. Die Stille, die kein Ende kennt, scheint in dieser friedlichen Landschaft auszulaufen. Mein Herz ist traurig, weil es keine Hoffnung gibt, die dieses Schicksal rückgängig machen könnte.«

Das ganze mythologische Material, über 5.000 Gesänge, 10.000 Meter Filme und viele Tonbandaufzeichnungen, darunter die gesamten Jagd- und Haushaltsgegenstände der letzten Ureinwohner, gelangten auf abenteuerliche Weise nach Alice Springs, wo es heute im Strehlow Research Center aufbewahrt wird. Als »Kronjuwelen Australiens« wird diese Sammlung vor den Augen der Öffentlichkeit geheimgehalten. Nur das Museum ist der Öffentlichkeit zugänglich, um die Spiritualität, die Lebensweise und die Mythologie der Ureinwohner lebendig zu halten.

Zunächst sieht es so aus, als wenn die westliche Zivilisation die Mythologie der Ureinwohner besiegt hätte. Der technische Fortschritt mit seiner extremen Entfremdung gegenüber dem natürlichen Rhythmus der Natur hatte das spirituelle ganzheitliche Denken der Ureinwohner ausgelöscht, aber heute, wo die Hightech-Revolution zu einer globalen Bedrohung der ganzen Menschheit geworden ist, erinnert man sich wieder an das harmonische Zusammenleben zwischen Mensch und Natur. Durch den heilsamen Zukunftsschock des Maschinenzeitalters und die Angst vor der Möglichkeit, die ganze Menschheit und sogar unsere natürliche Umgebung zu vernichten, wird eine ganz neue dritte Möglichkeit sichtbar: eine neue Synthese von ganzheitli-

Marianne und Petrus, Edward und Eugenie sowie Baby Laura,
eine der vielen christlichen Ureinwohner-Familien, die die Arbeit
der Missionare aktiv unterstützten.

chem Denken im Kreislauf der Natur und die Entwicklung einer neuen
Gesellschaft, die sowohl die alten Werte des mitmenschlichen Zusammenlebens berücksichtigt, als sich auch tief in der Weisheit einer
kosmisch ausgerichteten Religion verbunden weiß. Die Ureinwohner
haben dazu beigetragen, diese Vision einer neuen weltweiten Kultur
des harmonischen Zusammenlebens von Mensch und Kosmos wach-
zuhalten. Lassen wir uns von ihnen die Augen öffnen, die Schöpfung
wie unseren eigenen Bruder oder unsere eigene Schwester zu lieben.

Das Leben geht weiter

Heute haben die Schwarzen Australier ihr uraltes Stammesland zum größten Teil wieder zurückerhalten. Bereits 1976 gab das North Territory durch die Aborigine-Landrechtsreform 42 Prozent des gesamten Landes an die Ureinwohner zurück. Die Finke-Fluß-Mission gab ihren gesamten Besitz 1982 den traditionellen Eigentümern in Selbstverwaltung zurück. Im September 1991 fällte das Oberste Gericht Australiens eine bahnbrechende Entscheidung: Die alte Nullius-Doktrin wurde für ungültig erklärt; den Ureinwohnern mußte ihr Stammland zurückgegeben werden. Nach der bis dahin gültigen Doktrin war festgelegt worden, daß Australien vor der weißen Besiedlung unbewohnt gewesen sei und niemandem gehörte. Eddi Mabo, ein Insulaner der Torres-Straßen-Aborigines, hatte erfolgreich gegen dieses (Un-)Recht Klage eingelegt und gewonnen. Nach Ureinwohner-Recht kann man das Land nicht besitzen; es gehört zum Leben wie die Luft zum Atmen.

Damit können die alten Wunden heilen, und der Weg zu einem geeinten Australien, auf dem die Werte und die Würde der Schwarzen Australier respektiert werden, kann begangen werden. »Wir müssen diesen einen Weg finden«, sagte der führende Menschenrechtler Wenton Rubuntja aus Zentralaustralien, »diese Erde gemeinsam zu bewohnen, wobei unsere Kultur und unsere Rechte geachtet werden.«

Die Schwarzen versuchen heute auf vielfältige Weise, besonders durch künstlerische Betätigung, ihre alte Schöpfungsreligion mit den Ausdrucksmöglichkeiten unserer Zeit zu beleben. Hierzu gehören die Landschaftsmaler von Hermannsburg, die Punktmalerei von Papanya, die Rindemalerei von Arnhemland sowie die Malerei der Tiwis auf Melville. Manda-Wuy's Rockgruppe Yothu Yindi vom Golf von Carpentaria singt seine neuen Songlines von Würde und Selbstdisziplin, die einen Halt gegen Alkohol und Drogen bieten. In seinen Liedern besingt er die alte Wüstenschlange und feiert eine Reinigungszeremonie für die vier Elemente. Seine Konzerte werden von allen Australiern gut besucht und gern gehört. Die Ureinwohner kannten keine Geschichtsschreiber; ihre Mythen, Märchen, Lieder und Tänze haben Zeremonienmeister von Generation zu Generation weitererzählt, zum letzten Mal Carl und Theodor Strehlow, damit ihre alte Kultur für die Menschheit erhalten blieb.

Diese einmalige Sammlung der Kultur der Ureinwohner wird heute vom Strehlow Research Centre in Alice Springs aufbewahrt. Hier können sich die Menschen mit ihrem verlorengegangenen Erbe wieder vertraut machen. Carl und Theodor Strehlow haben uns allen, Schwarzen und Weißen, eine einmalige Botschaft hinterlassen: Wir sind alle durch eine einzigartige Schöpfungsgeschichte Gotteskinder und unsichtbar mit dem gleichen Blut verbunden. Die gleiche Gotteskraft, die in der ganzen Schöpfung verborgen liegt, hält uns alle am Leben.

Das Strehlow-Research-Centre

Das Zentrum präsentiert das Lebenswerk von Theodor Strehlow, der viele Jahre mit den Arandas zusammenlebte und ihre Gesänge, Zeremonien und Mythen sowie ihre komplexe Lebensweise aufschrieb, die ihre Gesellschaft zusammenhielt. Das Museum reflektiert Erde, Sonne, Wind und Feuer des Aranda-Homelands und wurde mit Rücksicht auf die Kultur der Arandas durch Licht, Farbe und Klang der Umgebung angepaßt.

Öffnungszeiten: täglich (außer Sonntag) von 10 bis 17 Uhr; Gruppenführungen bei telefonischer Anmeldung.

Strehlow Research Centre
PO Box 831, Alice Springs,
Northern Territory. 0871
Australien
Telefon 00 11 49 / 89 / 51 80 00
Fax 00 11 49 / 89 / 51 80 50

Literaturverzeichnis

1 Strehlow, Carl: *Die Aranda und Loritja Stämme in Zentralaustralien*, Teil 1, 2, 3 (Abteilung 1 u. 2), 4 (Abteilung 1 u. 2), 5, Frankfurt am Main 1907-1920, Verlag Joseph Baer (Veröffentlichungen aus dem Städtischen Völker-Museum, Frankfurt am Main). Bearbeitet von Moritz von Leonhardi und Dr. Bernhard Hagen.

    1907   I. Teil. *Die Aranda- und Loritja-Stämme in Zentral-Australien.* Mythen, Sagen und Märchen des Aranda-Stammes in Zentral-Australien (bearbeitet von Moritz Freiherr von Leonhardi). In: Veröffentlichungen aus dem Städtischen Völker-Museum Frankfurt am Main.

    1908   II. Teil. *Mythen, Sagen und Märchen des Loritja-Stammes.* Die totemistischen Vorstellungen und die Tjurunga der Aranda- und Loritja (Bearbeitet von Moritz Freiherrn von Leonhardi). In: Veröffentlichungen aus dem Städtischen Völker-Museum Frankfurt am Main.

    1910   III. Teil. *Die totemistischen Kulte der Aranda- und Loritja-Stämme.* I. Abteilung: Allgemeine Einleitung und die totemistischen Kulte des Aranda-Stammes (bearbeitet von Moritz Freiherrn von Leonhardi). In: Veröffentlichungen aus dem Städtischen Völker-Museum Frankfurt am Main.

    1911   III. Teil. *Die totemistischen Kulte der Aranda- und Loritja-Stämme.* II. Abteilung: Die totemistischen Kulte des Loritja-Stammes. In: Veröffentlichungen aus dem Städtischen Völker-Museum Frankfurt am Main.

    1913   I. *Die Aranda- und Loritja-Stämme in Zentral-Australien.* IV. Teil. I. Abteilung. Das soziale Leben der Aranda und Loritja. In: Veröffentlichungen aus dem Städtischen Völker-Museum Frankfurt am Main.

    1915   I. *Die Aranda- und Loritja-Stämme in Zentral-Australien.* IV. Teil. II. Abteilung. Das soziale Leben der Aranda und Loritja. In: Veröffentlichungen aus dem Städtischen Völker-Museum Frankfurt am Main.

    1920   I. *Die Aranda- und Loritja-Stämme in Zentral-Australien.* V. Teil. Die materielle Kultur der Aranda und Loritja. In: Veröffentlichungen aus dem Städtischen Völker-Museum Frankfurt am Main.

  Strehlow, Rotraud:

    1986   Frieda Strehlow. *Mission Life at the turn of the Century.* Dec.

2 Strehlow, Theodor George Henry:

    1947   *Aranda Tradition.* Melbourne.

    1951   *Rex Battarbee.* Modern Autralien Aboriginal Art. Sydney.

    1956   *The Sustaining Ideals of Australien Aboriginal Societies.* Adelaide.

    1957   *Dark and White in Australia.* Adelaide.

    1960   *Nomads in No-Man's Land.* Adelaide.

    1962a *Aboriginal Australia:* Languages and Literature. In: Hemisphere. Aug. S. 2-7.

    1962b *Aboriginal Language, Religion and Society in Central Australia.* In: Australien Territories. Vol. 2, No. 1, Jan.: 4-11.

1963   *Commentary (Religious and Artistic Life)*. In: Sheils, H. (ed.): Australien Aboriginal Studies. Melbourne. S. 248-251.

1964   *Assimilation Problems. The Aboriginal Viewpoint*. Adelaide.

1965   *Culture, social structure, and environment in Aboriginal Central Australia*. In: Berndt, C. M. & R. M.: Aboriginal Man in Australia. Sydney. S. 121-145.

1969a *Journey to Horseshoe Bend*. Sydney.

1969b *Mythology of the Centralian Aborigine*. In: The Inland review. Vol. 3, No. 11. u. 12.

1970   *Geography and the Totemic Landscape in Central Australia: A functional Study*. In: Berndt, R. M.: Australien Aboriginal Anthropology. Nedlands. AIAS, S. 92-140.

1971   *Songs of Central Australia*. Sydney.

1977   *Medical Practice Among the Aborigines of Central Australia*. In: Australasien Nurses Journal. Sep. Vol. 7, No. 2. S. 12, 28.

1978a Aboriginal Law. In: Australasien Nurses Journal. Aug. Vol. 7, No. 12. S. 10-11.

1978b *Central Australian Man-Making Ceremonies*. In: The Lutheran. Vol. 12, No. 7. S. 6-11.

1978   Australia's Aborigines. Prof. Strehlow examines the Bishops'statement. News Weekly. 27. Sept. S. 8-10.

1978   *Central Australian Religion*. Personal Monototemismus in a Polytotemic Community. Adelaide.

1979   *Altjira Rega Ekalta. Praise to the Lord, the Almighty*. In: Yearbook 1979, Lutheran Church of Australia.

3 Strehlow, Wighard: *Heilen mit Kraft der Seele*. Die Psychotherapie der Hl. Hildegard, Hermann Bauer Verlag, Freiburg, 1993

4 Spencer, Sir Baldwin, und Gillen, Francis J.: *The Arunta*. A Study of Stoneage People. 2 Vol., Oosterhout, N. B., The Netherlands, 1996

5 Strehlow Research Centre, Broschüre 1993, Alice Springs, Northern Territory, Australia.

6 Henson, Barbara: *A straight-out man*, University Press, Melbourne 1992.

7 Australian National Commission for Unesco: *Australien Aboriginal Culture*, Canberra 1973.

8 Yearbook of the Lutheran Church of Australia 1974: Death on »the Line«.

9 Fox, Matthew: *Der große Segen*, Claudius Verlag, München, 1991.

10 Hildegard von Bingen: Liber Meritorum, LVM, 3. Teil. In: Analecta Sacra, Bd. 8, Cardinal Pitra.

11 Horton, David (Hg.): *The Encyclopaedia of Aboriginal Australia,* Vol. I+II, Aboriginal Studies Press for the Australian Institute of Aboriginal and Torres Strait Islander Studies, 1994.

12 Harris John: One Blood. 200 Years of Aboriginal Encounter with Christianity: a story of hope. Alpatross Booksd, Sutherland NSW, Australia, 1990.

13 Isaacs, Jennifer: *Australian Dreaming*. 40.000 Years of Aboriginal History, Ure Smith Press, Sydney, 1991.

14 Birnie Danzker, Jo-Anne: *Traumzeit - Tjukurrpa*, Prestel, München, 1994.

15 Veit, Walter: *In Search of Carl Strehlow. Lutheran Missionary and Australian Antropologist*. In: From Berlin to the Burdekin. The German contribution to the development of Australian science, exploration and the arts, Melbourne 1991.

16 Domeier, Iris: *Akkulturation bei den westlichen Aranda in Zentralaustralien*, Holos Verlag, Bonn, 1993.
17 Mountford, Charles P.: *Braune Menschen, Roter Sand*, Orell Füssli, Zürich, 1951.
18 Hardy, Jane: *The Heritage of Namatjira*, William Heinemann Australia, Port Melbourne, 1992.
19 Scherer, P. A.: *Venture of Faith*, Finke River Mission, Tanunda SA., 1963.
20 Leske, Everard: *Hermannsburg*. A. Vision and a Mission, Lutheran Publishing House, Adelaide, 1977.
21 McNally, Ward: *Aborigines - Artefacts and Anguish,* Lutheran Publising House, Adelaide, SA., 1981.
22 Benary-Isbert, M.: *Mädchen für alles*, Benzinger, München, 1959.
23 Council for Aboriginal Reconciliation: *Making Things Right*, Canberra, 1993.
24 Lommel, Andreas: *Fortschritt ins Nichts*, Atlantis, Zürich, 1969.
25 Wilpert, Clara B.: *Der Flug des Bumerang*, 40.000 Jahre Australier, Christians, Hamburg, 1987.
26 Lawlor, Robert: *Am Anfang war der Traum*, Droemer Knaur, München, 1993.
27 Chatwin, Bruce: *Traumpfade*, Carl Hanser, München, 1990.
28 Morgan, Marlo: *Traumfänger*, Goldmann, München, 1994.
29 Locher, A.: *Deutsche Apotheker Zeitung*, 42. Jhrg. 1994, S. 109-112.
30 Ebelseder, Sepp: *Die Zornigen*, Stern Nr/9, 3. Mai 1978.
31 Müller, Ray: Dokumentarfilm 1978, *Das Testament eines Professors.*

Danksagung und Fotonachweis

Folgenden Personen und Institutionen danke ich für Überlassung von Fotos:

Mrs. Gayle Griffiths aus dem Buch Rex Battarbee, *Modern Australian Aboriginal Art*, Sydney 1951. Abbildungen von Aquarellen Rex Battarbees auf den Seiten 35, 37, 39.

Helen Burns; Foto auf Seite 231.
Melbourne Parks and Waterways und William Ricketts Sanctuary auf den Seiten: 45, 55, 57, 67, 131, 137, 161, 201.

Tjurunga-Zeichnungen von Herrn Konsul F. C. A. Sarg, Frankfurt am Main, aus: C. Strehlow: *Veröffentlichungen aus dem Städtischen Völker-Museum*, Frankfurt am Main, I, 1. Teil, 1907.

Strehlow-Research-Centre, Alice Springs, Northern Territory; Fotos auf den Seiten 139, 147, 149, 167, 219.

Harry Strehlow; Abbildungen auf den Seiten 42, 52, 65, 73.

Adolf Faller: *Der Körper des Menschen*, Georg Thieme Verlag, Stuttgart; Seite 15.

Prof. Theodor Strehlow, auf den Seiten: 31, 33, 53, 60, 63, 69, 78, 80, 87, 89, 92, 93, 97, 101, 111, 115, 117, 119, 126, 144, 165, 169, 171, 186, 209, 223.

Dieter Ulrich; Landkarte Zentralaustralien

Wichtiger Hinweis

Dieses Werk enthält u.a. Bilder und Geschichten von vielen verstorbenen australischen Ureinwohnern. In einigen Gemeinschaften der Ureinwohner gelten strenge Regeln, wenn es darum geht, den Namen eines Toten auszusprechen oder sein Bild anzuschauen. Sollten Sie, liebe Leserin, lieber Leser, Zentralaustralien besuchen und dieses Buch mit sich führen, so lassen Sie bitte daher das nötige Feingefühl walten und holen Sie den Rat von Ältesten der Gemeinde ein, bevor Sie das Buch zeigen.

Das Werk respektiert den Wunsch meines Großvaters Carl Strehlow und meines Onkels Theodor Strehlow, die Schöpfungsmythologie der australischen Ureinwohner als Kulturschatz der Menschheit zu würdigen und zu erhalten.

Strehlow Verlag · Allensbach

EDUARD GRONAU
FRANZ SCHUBERT
MUSIK ZWISCHEN
HIMMEL UND ABGRUND

Eine Werkbiographie zum
200sten Geburtstag von Franz Schubert

512 Seiten mit 12 schwarz-weiß-Abbildungen; gebunden;
ISBN 3-929735-00-8

Das Buch liest sich nicht nur wie ein Roman, sondern wirkt geradezu aufwühlend, so als ob man Mitspieler in einer menschlichen Tragödie wäre. Eduard Gronau hat mit diesem Buch sein Bestes gegeben. Dem Autor gelingt es, die Liebe zum Menschen Schubert derartig zu wekken, daß man sein Herz für dessen Musik öffnet.
Eine solche Schubert-Biographie wird es nicht wieder geben! Wie bei den ganz Großen wird der Stoff mit wachsender Seitenzahl nicht langweilig, sondern immer lebendiger gestaltet. Die teils dramatische, teils anekdotische Art des Erzählens ist eine großartige Mischung, denn so war er – so muß er gewesen sein! Das ist der wahre Schubert!

»Unbestritten: Dieser Autor hat etwas anderes getan als alle anderen: Er hat die Wanderung ›zwischen Himmel und Abgrund‹ mit einem nicht abreißenden Deutungsvorgang von Werken begleitet.«
Gerard Hellwig, *Südkurier,* Konstanz

Strehlow Verlag · Allensbach